Meik Friedrich, Bettina-Sophie Huck, Andreas Schlegel, Thomas Sk
Michael Vorfeld
Mathematik und Statistik für Wirtschaftswissenschaftler

Lehr- und Klausurenbücher der angewandten Ökonomik

—

Herausgegeben von
Prof. Dr. Michael Vorfeld und
Prof. Dr. Werner A. Halver

Band 3

Meik Friedrich, Bettina-Sophie Huck, Andreas Schlegel, Thomas Skill, Michael Vorfeld

Mathematik und Statistik für Wirtschaftswissenschaftler

Klausuren, Übungen und Lösungen

DE GRUYTER
OLDENBOURG

ISBN 978-3-11-041059-4
e-ISBN (PDF) 978-3-11-041400-4
e-ISBN (EPUB) 978-3-11-042371-6
ISSN 2364-2920

Library of Congress Cataloging-in-Publication Data
A CIP catalog record for this book has been applied for at the Library of Congress.

Bibliografische Information der Deutschen Nationalbibliothek
Die Deutsche Nationalbibliothek verzeichnet diese Publikation in der Deutschen
Nationalbibliografie; detaillierte bibliografische Daten sind im Internet über
http://dnb.dnb.de abrufbar.

© 2016 Walter de Gruyter GmbH, Berlin/Boston
Satz: le-tex publishing services GmbH, Leipzig
Druck und Bindung: CPI books GmbH, Leck
♾ Gedruckt auf säurefreiem Papier
Printed in Germany

www.degruyter.com

Vorwort

Die Vermittlung von anwendungsorientierten Kompetenzen im Bereich der Mathematik und Statistik ist von hoher Bedeutung in vielen Disziplinen an den Hochschulen. Dieses Buch richtet sich insbesondere an die Studierenden und Dozenten in Studiengängen mit wirtschaftswissenschaftlichem Bezug sowie an weitere Interessierte dieser Materie.

Gerade im Bereich der Mathematik und Statistik existiert seit jeher ein Bedarf an praxisnahen und anwendungsorientierten Übungsaufgaben zur Prüfungsvorbereitung und zur Vertiefung des Verständnisses dieser Fächer, nicht erst seit Umsetzung der Bologna Beschlüsse, die zu einer Modularisierung des Studiums geführt haben.

Durch das vorliegenden Übungs- und Klausurenbuch unterbreiten die Autoren ein entsprechendes Angebot. Das Buch besteht aus Aufgaben, die in der Vergangenheit im Rahmen von Prüfungen zum Einsatz kamen sowie den zugehörigen Lösungen. Aus didaktischer Sicht kommt den Hinweisen zu den Lösungen eine besondere Bedeutung zu. Diese sollen wertvolle Hinweise bei der Lösung der jeweiligen Aufgabe geben, insbesondere welche Lösungswege als zielführend erscheinen. Außerdem werden aufgabenbezogene Literaturhinweise angeführt, die konkrete Empfehlungen zum vertieften selbständigen Studium geben sollen. Darüber hinaus ist jede Aufgabe mit einer Angabe des angestrebten Niveaus sowie des zeitlichen Arbeitsumfanges versehen. Wir wünschen Ihnen viel Erfolg bei dem Studium der Mathematik und Statistik in den Wirtschaftswissenschaften unter Unterstützung dieses Buches!

Bedanken möchten wir uns bei Herrn Tibor Teubner, der mit seinem unermüdlichen Einsatz dazu beigetragen hat, das Manuskript in eine druckreife Form zu bringen. Ebenso gilt unser Dank den Studierenden unserer Hochschulen, denen wir einen Teil der Aufgaben bereits präsentieren konnten und die uns ein hilfreiches Feedback gegeben haben.

Mülheim (Ruhr), Bochum und Hameln im Dezember 2015

Inhalt

1 Einleitung

Das vorliegende Buch „Mathematik und Statistik für Wirtschaftswissenschaftler –
Klausuren, Aufgaben und Lösungen" beinhaltet grundlegende Themenbereiche, die
in der Lehre an den Hochschulen eine hohe Bedeutung genießen.

Im Kapitel zwei werden die „Grundlagen der Wirtschaftsmathematik und Wirtschaftsstatistik" behandelt. Hier werden zunächst grundlegende Umformungen prä-
sentiert und darauf folgend „Mengen und Wahrheitstafeln sowie die Logik" behandelt. Ein Abschnitt zu den Funktionstypen schließt das zweite Kapitel.

Das Kapitel 3 ist der Wirtschaftsmathematik gewidmet. Hier werden zunächst Aufgaben aus dem Themengebiet der „Linearen Algebra" bereitgestellt. Darauf folgend ist
das Themengebiet der „Analysis" platziert. Die „Finanzmathematik" rundet das Kapitel zur Wirtschaftsmathematik ab.

Aufgaben zur „Wirtschaftsstatistik" sind Gegenstand des vierten Kapitels. Nach
den Grundlagen der „Deskriptiven Statistik" folgt ein Abschnitt zu den „Grundlagen
der Wahrscheinlichkeitsrechnung". Hier werden Aufgaben zu den diskreten und den
stetigen Verteilungen gereicht. Außerdem beinhaltet diese Werk Aufgaben zu den
„Grundlagen der Zeitreihenanalyse". Auch zu den Themengebieten „Regressionsanalyse und Konfidenzintervalle" sowie zu der „Kontingenzanalyse" wurden Aufgaben
erstellt. „Weitere Aufgaben" schließen den Abschnitt zur „Wirtschaftsstatistik".

Die Aufgaben beinhalten unterschiedliche Herangehensweisen zur Lösung. Dieses betrifft z. B. die Aufstellung der Pivotstrategien bei der Arbeit mit dem Simplexta-
bleaus. Diese Vorgehensweise soll die Flexibilisierung des Wissens der Studierenden
fördern. Außerdem wurden in der empfohlenen Literatur unterschiedliche Notatio-
nen verwendet. Hierbei soll z. B. auf die verschiedenen Möglichkeiten bei der Notation
der Differentiation oder beim Aufstellen der Lagrangefunktion verwiesen werden. Die
Flexibilisierung des Wissens soll dazu führen, dass den Studierenden das Verständnis
der Materie leichter fällt.

2 Grundlagen der Wirtschaftsmathematik und Wirtschaftsstatistik

2.1 Grundlegende Umformungen

Aufgabe 1: Algebraische Umformungen/Potenzgesetze

Wissen
Bearbeitungszeit: 30 Minuten

1. Aufgabenstellung

Wenden Sie die Potenzgesetze an!

a) $\dfrac{a^2}{a^{-2}}$ $\quad$ $\dfrac{b^{-3n}}{b^{-3}}$ $\quad$ $\dfrac{z^b}{z^{-a}}$ $\quad$ $\dfrac{15^{-3}}{5^{-2}}$

b) $\dfrac{(a^2-b^2)^{-1}}{(a-b)^{-1}}$ $\quad$ $(-2^3)^{-3}$ $\quad$ $(4^0)^4$ $\quad$ $(2ab^2c^{-2})^{-2}$

c) $\dfrac{4^5 a^3 (a+3b)^{-6}}{4^7 a^2 (a+3b)^{-3}}$ $\quad$ $\dfrac{b^{-2}c}{b^{-3}c^{-1}}$ $\quad$ $\dfrac{y^{-1}z^4}{y^{-4}z^0}$ $\quad$ $\dfrac{6a^6 b^{x+1}}{15a^5 b^{x-1}} \cdot \dfrac{3c^{-5}d^{y-1}}{2c^{-7}d^{-y+1}}$

d) $\dfrac{s^{-2}t^{-3}u^{3n+3}}{s^{m+1}t^{m-1}u^{m-2n}}$ $\quad$ $\dfrac{\left((5x)^{-2} \cdot 3y^{-6}\right)^{-3}}{(15x^{-6} \cdot 9y^3)^{-2}}$ $\quad$ $\dfrac{3u^{1-m} \cdot v^{3n+3}}{27u^{4m-3n} \cdot v^{-3m+6n}}$

e) $\dfrac{a^{-14}}{a^5}$ $\quad$ $0,7(a+b)^5 \cdot 1,3(a+b)^6$ $\quad$ $\dfrac{(a+b)^{12}(b-c)^{10}}{(b-c)^7(a+b)^6}$

f) $\dfrac{(r+s)^{-3}}{(r+s)^{-5}}$ $\quad$ $\dfrac{15x^2 y^{-3}}{16a^{-2}b^{-2}} : \dfrac{8a^{-3}b^2}{27x^3 y^2}$ $\quad$ $\dfrac{44a^3 b^5}{32x^2 y^{-3}} : \dfrac{77a^2 b^{-4}}{56x^{-2}y^{-2}}$

g) $\dfrac{(7a-7b)^5}{(a-b)}$ $\quad$ $\left(\dfrac{12x^4 y}{35r^4 s}\right)^k \cdot \left(\dfrac{7r^2 s^3}{6x^7 y^2}\right)^k$ $\quad$ $\left(a^{10}b^{\frac{1}{3}}\right)^{-\frac{3}{5}}$

h) $\dfrac{\sqrt[4]{12r^3}}{\sqrt[4]{6s^2}} \cdot \dfrac{\sqrt[4]{20rs}}{\sqrt[4]{3r}}$ $\quad$ $\sqrt[4]{\dfrac{16a^4 b^8 c^{16}}{625x^8 y^4 z^{12}}}$ $\quad$ $\sqrt{\sqrt[3]{\sqrt{r^{12}}}}$

i) $\sqrt{81a^2 b^2} + \sqrt[3]{125b^3 c^3} + \sqrt[5]{32a^5 b^5} + \sqrt[4]{81b^4 c^4}$

2. Lösung

a) $a^4 \quad b^{-3n+3} \quad z^{b+a} \quad \dfrac{1}{3^2 \cdot 15} = \dfrac{1}{135}$

b) $\dfrac{1}{a+b} \quad \dfrac{-1}{2^9} \quad 1 \quad \dfrac{c^4}{4a^2b^4}$

c) $\dfrac{a(a+3b)^{-3}}{4^2} \quad bc^2y^3z^4 \quad \dfrac{3ab^2c^2d^{2y-2}}{5}$

d) $\dfrac{u^{5n+3-m}}{s^{m+3}t^{m+2}} \quad 5^8 \cdot 3^3 \cdot \dfrac{y^{24}}{x^6} \quad \tfrac{1}{9}u^{1-5m+3n} \cdot v^{-3n+3+3m}$

e) $\dfrac{1}{a^{19}} \quad 0{,}91\,(a+b)^{11} \quad (a+b)^6\,(b-c)^3$

f) $(r+s)^2 \quad \dfrac{405x^5a^5}{128y} \quad \dfrac{ab^9y}{x^4}$

g) $7^5\,(a-b)^4 \quad \left(\dfrac{2s^2}{5r^2x^3y}\right)^k \quad a^{-6}b^{-\frac{1}{5}}$

h) $\dfrac{\sqrt[4]{40r^3}}{\sqrt[4]{3s}} \quad \dfrac{2ab^2c^4}{5x^2yz^3} \quad r$

i) $11ab + 8bc \quad x\sqrt{a} - a\sqrt{y}$

3. Hinweise zur Lösung

Die meisten Potenzen lassen sich vereinfachen, wenn ein paar einfache Überlegungen berücksichtigt werden. Wichtig ist dabei immer, dass die Basis gleich ist, und die Terme multiplikativ verknüpft sind. Für beliebige $a, b \in \mathbb{R}$ und $r, s \in \mathbb{N}$ mit $a^n = \underline{a \cdot a \cdot a \cdot \ldots \cdot a}$ und der Konvention $a^0 = 1$ und $a^{-n} = \frac{1}{a^n}$ folgt daraus direkt die Potenzgesetze $a^r a^s = a^{r+s}$ (P1) und $(a^r)^s = a^{r \cdot s}$ (P2). Daraus lassen sich die Regeln für Brüche ableiten und es gilt $\frac{a^r}{a^s} = a^{r-s}$, sowie $\left(\frac{a}{b}\right)^r = \frac{a^r}{b^r} = a^r b^{-r}$. Wurzeln lassen sich ebenfalls als Potenzen auffassen, dann sind $m, n \in \mathbb{R}$ und $\sqrt[n]{a} = a^{\frac{1}{n}}$. Damit sind dann auch die obigen Potenzgesetze anzuwenden.

4. Literaturempfehlung

Ott, Roland und Roland Deutsch (2010): Schnittstelle Mathematik. Vorbereitungskurs, 1. Auflage, Rinteln 2010, Kapitel 2.6.

Aufgabe 2: Bruchrechnung

Wissen
Bearbeitungszeit: 15 Minuten

1. Aufgabenstellung

Vereinfachen Sie die Brüche so weit wie möglich:

a) $\left(\sqrt{2x} - \dfrac{1}{\sqrt{2x}} \right)^2$

b) $\dfrac{q^n - 1}{q - 1} : q^n$

c) $\sqrt[3]{x - y} : \sqrt[3]{\dfrac{1}{(x - y)^2}}$

d) $\dfrac{s}{2s - 1} - \dfrac{s}{2s + 1}$

e) $\dfrac{x}{3 - x} - \dfrac{1 - x}{x + 3} - \dfrac{15}{x^2 - 9}$

2. Lösung

a) $\dfrac{(2x - 1)^2}{2x}$

b) $\dfrac{1 - q^{-n}}{q - 1}$

c) $x - y$

d) $\dfrac{2s}{4s^2 - 1}$

e) $\dfrac{7}{3 - x}$

3. Hinweise zur Lösung

Brüche lassen sich erweitern $\frac{a}{b} = \frac{a \cdot c}{b \cdot c}$ oder auch kürzen. Möchte man sie addieren, so muss darauf geachtet werden, dass sie den gleichen Nenner haben. Ist das nicht der Fall, so muss ein Hauptnenner bestimmt werden und dann die Brüche erweitert werden. Erst danach kann man Sie addieren. Es gilt also $\frac{a}{b} \pm \frac{d}{c} = \frac{a \cdot c \pm b \cdot d}{b \cdot c}$. Einfacher ist es bei der Multiplikation. Hier können einfach jeweils die Zähler miteinander und die Nenner miteinander multipliziert werden $\frac{a}{b} \cdot \frac{c}{d} = \frac{a \cdot c}{b \cdot d}$. Die Division lässt sich auf eine Multiplikation zurückführen, wenn der Kehrwert von Divisor gebildet wird, und dann statt dividiert multipliziert wird: $\frac{a}{b} : \frac{c}{d} = \frac{a}{b} \cdot \frac{d}{c}$.

4. Literaturempfehlung

Ott, Roland und Roland Deutsch (2010): Schnittstelle Mathematik. Vorbereitungskurs, 1. Auflage, Rinteln 2010, Kapitel 2.3.

Aufgabe 3: Bruchgleichungen

Wissen
Bearbeitungszeit: 20 Minuten

1. Aufgabenstellung

Formen Sie die Bruchgleichungen in quadratische Gleichungen um, und berechnen Sie dann x:

a) $\dfrac{2}{x+2} - x = 3$ $\dfrac{x-3}{x+1} + \dfrac{2}{x} = 3$

b) $\dfrac{6}{x-5} + \dfrac{2}{x+3} = \dfrac{7}{x}$ $\dfrac{2}{x^2-4} + \dfrac{5}{x+2} = \dfrac{4}{x}$

2. Lösung

a) $x = -1 / -4$ $x = -1 \pm \sqrt{2}$
b) $x = -7 / -15$ $x = 4$

3. Hinweise zur Lösung

Achten Sie beim Bestimmen des Hauptnenners darauf, dass Sie ihn nicht zu groß wählen. Insbesondere bei Aufgabe c) ist die dritte Binomische Formel zu beachten. Darum bestimmen Sie immer das kleinsten gemeinsame Vielfache des Nenners und multiplizieren Sie mit diesem. Haben Sie dann eine Quadratische Gleichung erhalten, so wird diese in Normalform überführt und dann zum Beispiel mit der p-q-Formel gelöst. Die p-q-Formel lautet:

$$x^2 + px + q = 0 \Rightarrow x_{1;2} = -\frac{p}{2} \pm \sqrt{\left(\frac{p}{2}\right)^2 - q}$$

4. Literaturempfehlung

Ott, Roland und Roland Deutsch (2010): Schnittstelle Mathematik. Vorbereitungskurs, 1. Auflage, Rinteln 2010, Kapitel 3.3.

Aufgabe 4: Algebraische Umformungen/Potenzfunktionen

Transfer, Anwenden
Bearbeitungszeit: 6 Minuten

1. Aufgabenstellung

a) Die Kosten eines Unternehmens sind in drei aufeinander folgenden Jahren um jeweils 7 % gestiegen. Um wie viel % sind die Kosten insgesamt in den drei Jahren gestiegen?

b) Der Gewinn eines Unternehmens ist in vier aufeinander folgenden Jahren um jeweils 4 % zurückgegangen. Um wieviel % ist der Gewinn insgesamt in diesem Zeitraum gesunken?

c) Der Umsatz eines Unternehmens ist innerhalb von 6 Jahren um 34 % gestiegen. Berechnen Sie das durchschnittliche jährliche Umsatzwachstum!

2. Lösung

a) $1,07^3 \approx 1,225$
    Die Kosten sind insgesamt um rund 22,5 % angestiegen.

b) $1 - 0,96^4 \approx 1 - 0,849 = 0,251$
    Der Gewinn ist um rund 25,1 % gesunken.

c) $(1 + x)^6 = 1,34 \Rightarrow x = 1,34^{1/6} - 1 \approx 0,05$
    Im Durchschnitt ist der Umsatz um rund 5 % pro Jahr gestiegen.

3. Hinweise zur Lösung

Beachten Sie, dass die Aufgabenstellungen hier vergleichbar sind mit denen in der Zinsrechnung mit diskreter Verzinsung.

4. Literaturempfehlung

Sydsaeter, Knut; Peter Hammond und Arne Strøm (2013): Mathematik für Wirtschaftswissenschaftler. Basiswissen mit Praxisbezug, 4. Auflage, München 2013, Kapitel 1.5, 4.8 und 10.1.

Aufgabe 5: Algebraische Umformungen des Exponenten

Wissen
Bearbeitungszeit: 6 Minuten

1. Aufgabenstellung

Schreiben Sie als Wurzeln:

a) $x^{0,5}$

b) $x^{-\frac{2}{3}}$

c) $x^{\frac{7}{5}}$

2. Lösung

a) $x^{0,5} = \sqrt{x}$

b) $x^{-\frac{2}{3}} = \dfrac{1}{\sqrt[3]{x^2}}$

c) $x^{\frac{7}{5}} = \sqrt[5]{x^7}$

3. Hinweise zur Lösung

$a^{\frac{m}{n}} = \sqrt[n]{a^m}$ für $a > 0$ und $m \in \mathbb{Z}, n \in \mathbb{N}$

4. Literaturempfehlung

Kusch, Lothar et al. in: Ziburske, Heinz (Hrsg.) (2013): Mathematik 1. Arithmetik und Algebra: Aufgabensammlung mit Lösungen, Berlin 2013, Kapitel 1.11.

Aufgabe 6: Algebraische Umformungen/Notationen des Logarithmus

Wissen
Bearbeitungszeit: 8 Minuten

1. Aufgabenstellung

Welche der folgenden Ausdrücke sind gleich?

(1) $\log\left(a_1^{b_1} a_2^{b_2} \ldots a_n^{b_n}\right)$

(2) $\log\left(a_1 b_1 a_2 b_2 \ldots a_n b_n\right)$

(3) $b_1 \log a_1 + b_2 \log a_2 + \ldots + b_n \log a_n$

(4) $n \log a + n \log b$

(5) $\log a_1 + \log a_2 + \ldots + \log a_n + \log b_1 + \log b_2 + \ldots + \log b_n$

(6) $\log (a^n b^n)$

(7) $n \log a$

(8) $n \log a_i + n \log b_i$

(9) $b_1 + \ldots + b_n + \log a_1 + \ldots + \log a_n$

2. Lösung

- $\log \left(a_1^{b_1} a_2^{b_2} \ldots a_n^{b_n} \right) = b_1 \log a_1 + b_2 \log a_2 + \ldots + b_n \log a_n$
  Daher sind 1) und 3) gleich.
- $\log (a_1 b_1 a_2 b_2 \ldots a_n b_n) = \log a_1 + \log a_2 + \ldots + \log a_n + \log b_1 + \log b_2 + \ldots + \log b_n$
  Daher sind 2) und 5) gleich.
- $\log (a^n b^n) = \log(ab)^n = n \cdot \log(ab) = n \cdot (\log(a) + \log(b)) = n \cdot \log a + n \cdot \log b$
  Daher sind 4 und 6 gleich.

Die Ausdrücke 7, 8 und 9 haben keine passenden Entsprechungen.

3. Hinweise zur Lösung

Bei dieser Aufgabe verwenden Sie die Logarithmengesetze:
1. $\log_b(u \cdot v) = \log_b(u) + \log_b(v)$
2. $\log_b \left(\frac{u}{v} \right) = \log_b(u) - \log_b(v)$
3. $\log_b (a^n) = n \cdot \log_b (a)$

4. Literaturempfehlung

Kusch, Lothar et al. in: Ziburske, Heinz (Hrsg.) (2013): Mathematik 1. Arithmetik und Algebra: Aufgabensammlung mit Lösungen, Berlin 2013, Kapitel 1.14.

Aufgabe 7: Algebraische Umformungen/Vereinfachung des Logarithmus

Wissen
Bearbeitungszeit: 5 Minuten

1. Aufgabenstellung

Schreiben Sie $\log \sqrt[n]{a_1 a_2 \ldots a_n}$ um!

2. Lösung

$$\log \sqrt[n]{a_1 a_2 \ldots a_n} = \frac{1}{n} (\log a_1 + \ldots + \log a_n)$$

3. Hinweise zur Lösung

$\log_b (a^n) = n \cdot \log_b (a)$ und $a^{\frac{m}{n}} = \sqrt[n]{a^m}$ für $a > 0$ und $m \in \mathbb{Z}$, $n \in \mathbb{N}$

4. Literaturempfehlung

Kusch, Lothar et al. in: Ziburske, Heinz (Hrsg.) (2013): Mathematik 1. Arithmetik und Algebra: Aufga-bensammlung mit Lösungen, Berlin 2013, Kapitel 1.11 und Kapitel 1.14.

Aufgabe 8: Algebraische Umformungen/Anwendung des Logarithmus

Transfer, Anwenden
Bearbeitungszeit: 5 Minuten

1. Aufgabenstellung

Die Weltbevölkerung, die derzeit rund 7 Milliarden Menschen umfasst, wächst jährlich um circa 1 %. Wie lange dauert es bei dieser Wachstumsrate, bis die Weltbevölkerung auf 10 Milliarden Menschen angewachsen ist?

2. Lösung

$$7 \cdot 1{,}01^t = 10 \Leftrightarrow 1{,}01^t = \frac{10}{7} \Leftrightarrow t = \log_{1{,}01} \frac{10}{7} = \frac{\ln \frac{10}{7}}{\ln 1{,}01} \approx 35{,}85$$

In knapp 36 Jahren wächst die Bevölkerung von 7 auf 10 Milliarden Menschen an.

3. Hinweise zur Lösung

Beachten Sie auch den Zusammenhang zwischen Exponential- und Logarithmus-Funktion. Beide spielen bei Wachstumsprozessen, zum Beispiel bei stetiger Verzinsung in der Finanzmathematik, eine wichtige Rolle.

4. Literaturempfehlung

Sydsaeter, Knut; Peter Hammond und Arne Strøm (2013): Mathematik für Wirtschaftswissenschaftler. Basiswissen mit Praxisbezug, 4. Auflage, München 2013, Kapitel 1.5, 4.8 und 10.1.

2.2 Mengen, Logik und Wahrheitstafeln

Aufgabe 1: Mengenlehre/Venn-Diagramm

Transfer, Anwenden
Bearbeitungszeit: 9 Minuten

1. Aufgabenstellung

Um die Berufsaussichten von Absolventen neuer Bachelor- und Master-Studiengänge abzuschätzen, wurden in einer Umfrage die Personalvorstände von 100 Unternehmen befragt, in welchem Maße sie bei Neueinstellungen Bewerber mit den Abschlüssen *Bachelor, Master* und *Diplom* einstellen würden. Dabei ergaben sich die folgenden Ergebnisse:
- *Bachelor*-Absolventen: 54 Unternehmen
- *Master*-Absolventen: 69 Unternehmen
- *Diplom*-Absolventen: 72 Unternehmen

In diesen Zahlen enthalten sind:
- *61 Unternehmen, die Master- UND Diplom-Absolventen einstellen würden*
- *30 Unternehmen, die Bachelor- UND Diplom-Absolventen einstellen würden*
- *29 Unternehmen, die Bachelor- UND Master-Absolventen einstellen würden*
- *4 Unternehmen, die Bachelor- UND Master-Absolventen, aber KEINE Diplom-Absolventen einstellen würden*

Erstellen Sie mit den gegebenen Informationen ein Venn-Diagramm.
a) Wie viele der Unternehmen würden *Bachelor*-Absolventen, aber KEINE *Diplom*-Absolventen einstellen?
b) Wie viele der Unternehmen würden *Bachelor*- UND/ODER *Master*-Absolventen einstellen?
c) Wie viele der Unternehmen würden *Bachelor*- UND/ODER *Master*-Absolventen einstellen?

2. Lösung

a) Menge B: Unternehmen, die Bachelor-Absolventen einstellen
   Menge M: Unternehmen, die Master-Absolventen einstellen
   Menge D: Unternehmen, die Diplom-Absolventen einstellen
b) 20 + 4 = 24 Unternehmen [B\D]
c) 20 + 4 + 25 + 5 + 4 + 36 = 94 Unternehmen [B ∪ M]

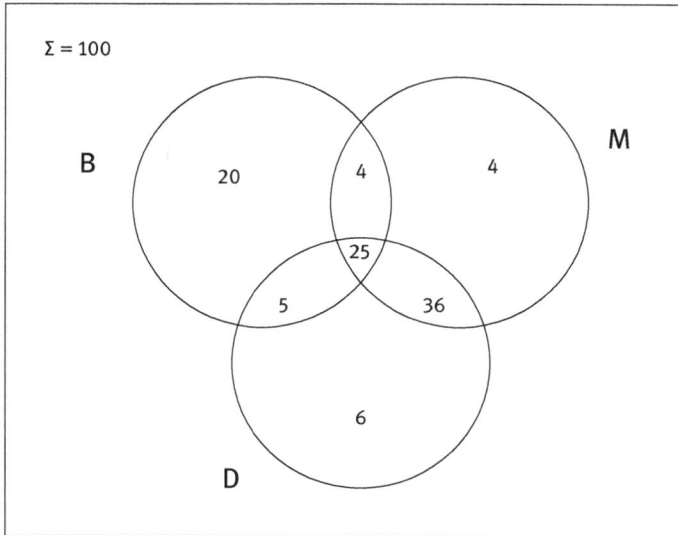

Abb. 1. Venn-Diagramm zu den Anzahlen der Absolventen

3. Hinweise zur Lösung

Das Venn-Diagramm ist eine einfache Darstellungsform, welche die Zusammenhänge zwischen den Mengen gut veranschaulicht und damit die Beantwortung von Fragen wie in den Aufgabenteilen b) und c) erleichtert. Nichtsdestotrotz lassen sich solche Fragen mit den richtigen Überlegungen theoretisch auch ohne das Venn-Diagramm beantworten.

4. Literaturempfehlung

Sydsaeter, Knut; Peter Hammond und Arne Strøm (2013): Mathematik für Wirtschaftswissenschaftler. Basiswissen mit Praxisbezug, 4. Auflage, München 2013, Kapitel 3.6.

Aufgabe 2: Mengenlehre

Wissen
Bearbeitungszeit: 5 Minuten

1. Aufgabenstellung

Bestimmen Sie die Lösungsmengen folgender Aussageformen in der Grundmenge $\mathbb{R}$:

a) $x + 2 = 3 \vee x^2 + 1 = 10$

b) $3x - 1 = 5x - 3 \vee x^2 + 2x = 3x$

c) $4x - 3 = 17 \rightarrow x = 5$

2. Lösung

a) $x = 1 \vee (x = -3 \vee x = 3)$ $L = \{-3; 1; 3\}$
b) $x = 1 \vee (x = 0 \vee x = 1)$, also $x = 0 \vee x = 1$. D. h. $L = \{0; 1\}$
c) $x = 5 \rightarrow x = 5$ $L = \{5\} \subseteq L\{5\}$, d. h. $L = \{5\}$

3. Hinweise zur Lösung

Einzelne Gleichungen haben Lösungsmengen, d. h. Mengen, die die Aussageform zu stets wahren Aussagen bringen. Die Gleichungen – als Aussagenformen – können mit Junktoren verbunden werden, die sich auf die Lösungsmengen auswirken.

4. Literaturempfehlung

Tietze, Jürgen (2013): Einführung in die angewandte Wirtschaftsmathematik, 17. Auflage, Wiesbaden 2013, Kapitel 1.1.

Aufgabe 3: Summen-Notation

Transfer, Anwendung
Bearbeitungszeit: 9 Minuten

1. Aufgabenstellung

Ein Industrie-Unternehmen stellt drei verschiedene Güter i ($i = 1, 2, 3$) her und verkauft diese an vier Großkunden j ($j = 1, 2, 3, 4$). Die Preise der Güter sind: $p_1 = 3$, $p_2 = 5$, $p_3 = 4$. Die an einem Tag ausgelieferten Mengen x_{ij} von Gut i und Kunde j sind:

$$x_{11} = 20, \quad x_{12} = 15, \quad x_{13} = 10, \quad x_{14} = 15,$$
$$x_{21} = 13, \quad x_{22} = 11, \quad x_{23} = 12, \quad x_{24} = 18,$$
$$x_{31} = 14, \quad x_{32} = 25, \quad x_{33} = 20, \quad x_{34} = 15.$$

Berechnen Sie die folgenden Summen und geben Sie jeweils an, welche ökonomische Größe berechnet wird!

$$\sum_{j=1}^{4} x_{2j} \qquad \sum_{i=1}^{3} p_i \cdot x_{i2} \qquad \sum_{i=1}^{3} \sum_{j=1}^{4} p_i \cdot x_{ij}$$

2. Lösung

$\sum_{j=1}^{4} x_{2j} = 54$ (insgesamt ausgelieferte Menge von Gut 2)

$$\sum_{i=1}^{3} p_i \cdot x_{i2} = 200 \text{ (Umsatz, der mit Kunde 2 erzielt wird)}$$

$$\sum_{i=1}^{3} \sum_{j=1}^{4} p_i \cdot x_{ij} = 746 \text{ (Umsatz, der insgesamt erzielt wird)}$$

3. Hinweise zur Lösung

Die Summen-Notation dient im Wesentlichen einer übersichtlicheren, vereinfachten Darstellung von mathematischen Ausdrücken. Zur Berechnung der Summen muss man einfach den Laufindex i – bzw. bei Doppelsummen die Laufindizes i und j – sukzessive durch die Zahlen des vorgegebenen Bereichs zwischen Unter- und Obergrenze ersetzen und den entsprechenden Ausdruck einsetzen.

Eine vergleichbare Notation gibt es übrigens auch bei der Multiplikation mit dem Produkt-Operator.

4. Literaturempfehlung

Sydsaeter, Knut; Peter Hammond und Arne Strøm (2013): Mathematik für Wirtschaftswissenschaftler. Basiswissen mit Praxisbezug, 4. Auflage, München 2013, Kapitel 3.1.

Aufgabe 4: Wahrheitswerte

Wissen
Bearbeitungszeit: 5 Minuten

1. Aufgabenstellung

Ermitteln Sie die Wahrheitswerte der folgenden Wahrheitstafel:

Tab. 1. Zu füllende Wahrheitstafel

A	B	$(A \rightarrow B) \wedge (\neg B) \rightarrow \neg A$
w	w	
w	f	
f	w	
f	f	

2. Lösung

Tab. 2. Ausgefüllte Wahrheitstafel

A	B	$\neg A$	$\neg B$	$A \rightarrow B$	$(A \rightarrow B) \wedge (\neg B)$	$(A \rightarrow B) \wedge (\neg B) \rightarrow \neg A$
w	w	f	f	w	f	w
w	f	f	w	f	f	w
f	w	w	f	w	f	w
f	f	w	w	w	w	w

3. Hinweise zur Lösung

Ein komplexer Ausdruck wird in die kleinsten gebundenen Ausdrücke unterteilt. Für diese werden dann die Wahrheitswerte ermittelt. Im Anschluss werden nach Bindungsstärke der Junktoren die Wahrheitswerte der zusammengesetzten Aussagen eingetragen.

4. Literaturempfehlung

Tietze, Jürgen (2013): Einführung in die angewandte Wirtschaftsmathematik, 17. Auflage, Wiesbaden 2013, Kapitel 1.1.

2.3 Funktionstypen

Aufgabe 1: Quadratische Funktion, Kostenfunktion

Wissen, Transfer
Bearbeitungszeit: 10 Minuten

1. Aufgabenstellung

Von einer quadratischen Kostenfunktion ist bekannt, dass sie für 100 ME minimal wird. Man geht von fixen Kosten in Höhe von 12.000 € pro Produktionszeitraum aus. Wie lautet die Kostenfunktion, wenn für eine Ausbringungsmenge von 250 Stück, Kosten in Höhe von 13.500 € entstehen.

2. Lösung

$$K(x) = \frac{3}{25}x^2 - 24x + 12.000$$

3. Hinweise zur Lösung

Eine allgemeine quadratische Funktion hat die Form $y(x) = ax^2 + bx + c$ oder geschrieben in Scheitelpunktform $y(x) = a \left(x + \frac{b}{2a}\right)^2 - \frac{b^2}{2a} + c$, wobei die x-Koordinate des Scheitelpunkts $-\frac{b}{2a}$ ist und die y-Koordinate $-\frac{b^2}{4a}$. Der Text liefert $c = 12.000$ und für $x = 250$ ist $y = 13.500$. Das Minimum wird durch den Scheitelpunkt bestimmt und ist damit: $100 = -\frac{b}{2a}$.

4. Literaturempfehlung

Sydsaeter, Knut; Peter Hammond und Arne Strøm (2013): Mathematik für Wirtschaftswissenschaftler. Basiswissen mit Praxisbezug, 4. Auflage, München 2013, Kapitel 4.6.

Aufgabe 2: Polynomdivision

Wissen
Bearbeitungszeit: 30 Minuten

1. Aufgabenstellung

Führen Sie die angegebene Polynomdivision durch:
a) $(x^5 + x^2 - x - 1) \div (x^2 - 1)$
b) $(x^4 - x^3 - 4x^2 + 4x) \div (x^2 + x - 2)$
c) $(x^3 + 2x^2 + 10x - 36) \div (x - 2)$

2. Lösung

Die Ergebnisse lauten:
a) $f(x) = x^3 + x + 1 \quad r(x) = 0$
b) $f(x) = x^2 - 2x \quad r(x) = 0$
c) $f(x) = x^2 + 4x + 18 \quad r(x) = 0$

3. Hinweise zur Lösung

Um eine Polynomdivision durchzuführen, müssen die Summanden so geordnet werden, dass die Exponenten immer kleiner werden. Dann wird analog zur Division mit natürlichen Zahlen vorgegangen. Wenn man annimmt, dass das Polynom

$$p(x) = a_n x^n + a_{n-1} x^{n-1} + \ldots + a_1 x + a_0$$

durch das Polynom $q(x) = b_m x^m + b_{m-1} x^{m-1} + \ldots + b_1 x + b_0$ geteilt wird, so wird die Division nur durchgeführt, wenn $n > m$ ist.

Das Ergebnis ist von der Form $p(x) : q(x) = f(x) + \frac{r(x)}{q(x)}$.

Man erhält den ersten Summanden von $f(x)$, wenn man jeweils die ersten Summanden von $p(x)$ und $q(x)$ dividiert. Mit diesem Summanden wird $q(x)$ multipliziert und das Ergebnis der Multiplikation von $p(x)$ abgezogen. Mit dem so erhaltenen Polynom wird so lange analog verfahren, wie die höchste Potenz kleiner ist als die von $q(x)$. Das Polynom, welches am Schluss übrig bleibt nennt man Restpolynom und wir mit $r(x)$ bezeichnet.

4. Literaturempfehlung

Sydsaeter, Knut; Peter Hammond und Arne Strøm (2013): Mathematik für Wirtschaftswissenschaftler. Basiswissen mit Praxisbezug, 4. Auflage, München 2013, Kapitel 4.7.

Aufgabe 3: Polynomdivision (gebrochen-rationale Funktion)

Wissen
Bearbeitungszeit: 5 Minuten

1. Aufgabenstellung

Überführen Sie die unecht gebrochen-rationale Funktion $f(x) = \frac{2x^2-3}{x+1}$ in eine Darstellung mit ganzrationalem und echt gebrochen-rationalem Term. Wo ist die Funktion definiert?

2. Lösung

Der Definitionsbereich ist $D_f = \mathbb{R}\setminus\{-1\}$.
Anschließend führen wir eine Polynomdivision durch:

$$
\left(2x^2 + 0x - 3\right) \div (x + 1) = \underset{\text{ganz-rational}}{2x - 2} - \underset{\substack{\text{echt} \\ \text{gebrochen-rational}}}{\frac{1}{x + 1}}
$$

$$
\begin{array}{r}
\underline{-\left(2x^2 + 2x\right)} \\
-2x - 3 \\
\underline{-(-2x - 2)} \\
-1 \\
\underline{-(-1)} \\
0
\end{array}
$$

3. Hinweise zur Lösung

Man führt eine Polynomdivision durch. Dabei muss darauf geachtet werden, dass das Zähler- und das Nennerpolynom nach absteigenden Potenzen geordnet sein muss. Ferner achten Sie darauf, dass fehlende Potenzen „aufgefüllt" werden, indem diese den Koeffizienten Null erhalten.

4. Literaturempfehlung

Tietze, Jürgen (2013): Einführung in die angewandte Wirtschaftsmathematik, 17. Auflage, Wiesbaden 2013, Kapitel 2.3.

Aufgabe 4: Preis-, Absatz- und Umkehrfunktion

Wissen
Bearbeitungszeit: 15 Minuten

1. Aufgabenstellung

Bestimmen Sie den Definitionsbereich und den Wertebereich der Preis-Absatz-Funktion $x(p) = \sqrt{2p - 1}$. Bestimmen Sie die Funktionsgleichung der Umkehrfunktion $p(x)$. Zeichnen Sie den Graphen und die Graphen der Umkehrfunktion. Welche ökonomische Bedeutung hat die Funktion bzw. Umkehrfunktion? Warum kann es erforderlich sein, eine Umkehrfunktion zu bilden.

2. Lösung

$$D_f = \left\{ p \in \mathbb{R} \,\middle|\, p \geq \frac{1}{2} \right\}; \quad W_f = \mathbb{R}_0^+$$
$$x(p) = \sqrt{2p - 1}$$

Nun lassen wir für den Funktionsterm $x(p)$ nur noch die Variable stehen, so dass folgende Gleichung vorliegt:

$$x = \sqrt{2p - 1}.$$

Diese Gleichung löst man nun nach p auf.

$$x^2 = 2p - 1$$
$$x^2 + 1 = 2p$$
$$p = \frac{x^2}{2} + \frac{1}{2}$$

Die letzte Gleichung fassen wir nun wieder als Funktion in der unabhängigen Variablen x auf und erhalten:

$$p(x) = \frac{x^2}{2} + \frac{1}{2}.$$

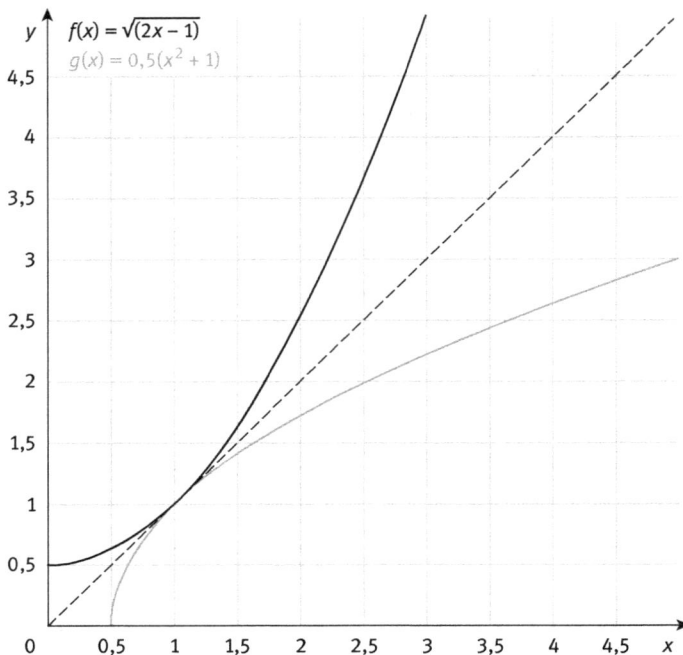

Abb. 2. Funktion und ihre Umkehrfunktion

Also lautet die Umkehrfunktion:

$$p(x) = \frac{x^2}{2} + \frac{1}{2} \, .$$

$$D_p = \mathbb{R}_0^+ \, , \qquad W_{f^{-1}} = \left\{ x \in \mathbb{R} \,\middle|\, x \geq \frac{1}{2} \right\}$$

3. Hinweise zur Lösung

In der Ökonomie ist es üblich, die Preis-Absatz-Funktion immer in einem Koordinatensystem einzuzeichnen, dessen y-Achse die Preise darstellt. Dies impliziert keinesfalls eine Aussage dazu, welche Variable unabhängig ist.

4. Literaturempfehlung

Tietze, Jürgen (2013): Einführung in die angewandte Wirtschaftsmathematik, 17. Auflage, Wiesbaden 2013, Kapitel 2.1.

Aufgabe 5: Lineare Funktionen, Angebot und Nachfrage

Wissen, Transfer
Bearbeitungszeit: 10 Minuten

1. Aufgabenstellung

Von einem Artikel ist bekannt, dass er nicht mehr gekauft wird, wenn der Preis über 20 € steigt. Auch weiß man, dass bei einem Preis von 10 € 1.000 Stück abgesetzt werden können. Wie lautet die Nachfragefunktion? Die Absatzfunktion des Produkts ist bekannt und wird durch die Funktion $x_A(p) = -375 + 250 \cdot p$ beschrieben. An welcher Stelle wird für dieses Produkt das Marktgleichgewicht erreicht?

2. Lösung

$x_N(p) = -2.000 + 100 \cdot p$; Marktgleichgewicht bei $x_M = 1.500$ Stück und $p_M = 7,50$ €

3. Hinweise zur Lösung

Die Nachfragefunktion erhält man, indem man die zwei Punkte $(x_i; p_i)$ die hier mit $(0; 20)$ und $(1.000; 10)$ angegeben werden in die allgemeine Nachfragefunktion $x_N(p) = b + a \cdot p$ einsetzt. Um das Marktgleichgewicht zu ermitteln, muss man beide Gleichungen gleichsetzen.

4. Literaturempfehlung

Sydsaeter, Knut; Peter Hammond und Arne Strøm (2013): Mathematik für Wirtschaftswissenschaftler. Basiswissen mit Praxisbezug, 4. Auflage, München 2013, Kapitel 4.4.

Aufgabe 6: Quadratische Funktionen und Scheitelpunktform

Wissen, Transfer
Bearbeitungszeit: 5 Minuten

1. Aufgabenstellung

Gegeben ist die quadratische Funktion $f(x) = 3x^2 - 6x + 12$. Führen Sie mit der quadratischen Ergänzung in die Scheitelpunktform über. Geben Sie die Scheitelpunktkoordinaten an.

2. Lösung

$$f(x) = 3x^2 - 6x + 12$$

Zunächst klammern wir die Zahl 3 aus den ersten beiden Summanden aus:

$$f(x) = 3 \cdot \left(x^2 - 2x\right) + 12$$

In der Klammer ergänzen wir mit der 2. Binomischen Formel:

$$f(x) = 3 \cdot \left(x^2 - 2x + 1 - 1\right) + 12$$
$$f(x) = 3 \cdot \left(x^2 - 2x + 1\right) + 12 - 3$$
$$f(x) = 3 \cdot (x - 1)^2 + 9$$

Somit ergibt sich der Scheitelpunkt S (1; 9).

3. Hinweise zur Lösung

Die Umformung einer quadratischen Funktion oder einer quadratischen Gleichung in eine Scheitelpunktform über die quadratische Ergänzung zeigt eine elementare Ermittlung von Extremwerten ohne Differentialrechnung.

4. Literaturempfehlung

Tietze, Jürgen (2013): Einführung in die angewandte Wirtschaftsmathematik, 17. Auflage, Wiesbaden 2013, Kapitel 1.2.

3 Wirtschaftsmathematik

3.1 Lineare Algebra

Aufgabe 1: Lineares Gleichungssystem

Transfer, Anwenden
Bearbeitungszeit: 5 Minuten

1. Aufgabenstellung

Ein großes Möbelhaus hat bei einem Zulieferer, der Tische und Stühle produziert, insgesamt 560 Möbelstücke in Auftrag gegeben. Dabei wurden zu jedem Tisch genau sechs Stühle bestellt.

Stellen Sie das zugehörige Gleichungssystem auf und beantworten Sie mit diesem die Frage, wie viele Tische bestellt wurden!

2. Lösung

x: Anzahl Tische y: Anzahl Stühle
Gleichungssystem:

$$x + y = 560, \quad y = 6x \quad \Rightarrow \quad x + 6x = 560 \quad \Rightarrow \quad x = 80 \text{ Tische}$$

3. Hinweise zur Lösung

Hier wird das Gleichungssystem einfach durch Einsetzen der 2. Gleichung in die 1. Gleichung gelöst. Alternativ gibt es weitere Verfahren wie das Gauß'sche Eliminationsverfahren, die bei komplexerem Gleichungssystem besser geeignet sind.

4. Literaturempfehlung

Sydsaeter, Knut; Peter Hammond und Arne Strøm (2013): Mathematik für Wirtschaftswissenschaftler. Basiswissen mit Praxisbezug, 4. Auflage, München 2013, Kapitel 2.4 und 15 (insbesondere 15.1 und 15.6).

Aufgabe 2: Lösung eines linearen Gleichungssystems durch Rückwärtsüberlegung

Wissen, Verstehen, Anwenden
Bearbeitungszeit: 10 Minuten

1. Aufgabenstellung

Ein Industriebetrieb stellt drei Güter X, Y und Z in den Mengen x, y und z her. Zur Produktion einer Einheit von Y werden drei Einheiten von X benötigt. Für eine Einheit von Z werden sechs Einheiten von X und fünf Einheiten von Y benötigt. Es wird ein Auftrag von 40 Stück des Gutes X, 60 Stück von Y und 20 Stück von Z bearbeitet. Welche Mengen müssen insgesamt hergestellt werden. Formulieren Sie das lineare Gleichungssystem und lösen Sie dieses.

2. Lösung

Das lineare Gleichungssystem lautet:

$$20 + 3y + 6z = x$$
$$60 + 5z = y$$
$$40 = z$$

Die Lösung ist: $x = 1.040$; $y = 260$; $z = 40$

3. Hinweise zur Lösung

Durch Rückwärtsüberlegung erkennt man, dass nur so viele Z benötigt werden, wie bestellt sind. Von Y benötigt man die Bestellten und auch die zur Herstellung von Z benötigten und zwar fünf für jedes Z. Für X müssen zum einem die Bestellten produziert werden und zusätzlich noch für jedes Y drei Stück und für jedes Z sechs Stück. Daraus ergibt sich das Gleichungssystem. Durch Rückwärts einsetzen erhält man direkt die Lösungen.

4. Literaturempfehlung

Sydsaeter, Knut; Peter Hammond und Arne Strøm (2013): Mathematik für Wirtschaftswissenschaftler. Basiswissen mit Praxisbezug, 4. Auflage, München 2013, Kapitel 15.1.

Aufgabe 3: Lineares Gleichungssystem/Gauß-Verfahren I

Wissen
Bearbeitungszeit: 10 Minuten

1. Aufgabenstellung

Lösen Sie das folgende Gleichungssystem:

$$
\begin{aligned}
- \ x_1 \qquad\quad + 2x_3 + 3x_4 &= 17 \\
- 5x_1 + 3x_2 \qquad\quad + \ x_4 &= 5 \\
x_1 + 4x_2 + \ x_3 + 7x_4 &= 40 \\
3x_3 + \ x_4 &= 13
\end{aligned}
$$

2. Lösung

$$x_1 = 1\,; \quad x_2 = 2\,; \quad x_3 = 3\,; \quad x_4 = 4$$

3. Hinweise zur Lösung

Ziel ist es in den Gleichungen nach und nach die Anzahl der Variablen zu reduzieren und dadurch ein Ergebnis zu erhalten. Zu diesem Zweck darf eine Gleichung mit einer Zahl ungleich Null multipliziert werden und zu einer anderen Gleichung dazu addiert werden. Multipliziert man zum Beispiel die letzte Gleichung mit −7, und addiert sie zur vorletzten, so enthält das Ergebnis die Variable x_4 nicht mehr. Das gleiche geschieht, wenn die letzte Gleichung mit −1 multipliziert wird zur zweiten addiert wird. Auf diese Weise wird weiter verfahren, bis in allen Gleichungen nur noch eine Variable verbleibt. Eine systematische Vorgehensweise liefert das Gauß-Verfahren.

4. Literaturempfehlung

Sydsaeter, Knut; Peter Hammond und Arne Strøm (2013): Mathematik für Wirtschaftswissenschaftler. Basiswissen mit Praxisbezug, 4. Auflage, München 2013, Kapitel 15.6.

Aufgabe 4: Lineares Gleichungssystem/Gauß-Verfahren II

Transfer, Anwenden
Bearbeitungszeit: 20 Minuten

1. Aufgabenstellung

Gegeben ist folgendes Gleichungssystem

$$
\begin{aligned}
2x_2 + x_3 &= 8 \\
x_1 + 3x_2 + 4x_3 &= 23 \\
5x_1 + 6x_2 + 2x_3 &= 25
\end{aligned}
$$

Lösen Sie das Gleichungssystem mit dem Gauß'schen Eliminationsverfahren.

2. Lösung

1. Zunächst erfolgt der Tausch der ersten und der zweiten Zeile:

$$
\begin{aligned}
x_1 + 3x_2 + 4x_3 &= 23 \\
2x_2 + x_3 &= 8 \\
5x_1 + 6x_2 + 2x_3 &= 25
\end{aligned}
$$

2. Durch Subtraktion des fünffachen der ersten Gleichung von Gleichung drei wird x_1 aus der dritten Gleichung eliminiert:

$$
\begin{aligned}
x_1 + 3x_2 + 4x_3 &= 23 \\
x_2 + \tfrac{1}{2}x_3 &= 4 \\
-9x_2 - 18x_3 &= -90
\end{aligned}
$$

3. Anschließend wird das Pivotelement der zweiten Zeile auf den Wert eins gebracht:

$$
\begin{aligned}
x_1 + 3x_2 + 4x_3 &= 23 \\
x_2 + \tfrac{1}{2}x_3 &= 4 \\
-9x_2 - 18x_3 &= -90
\end{aligned}
$$

4. Abschließend wird x_2 aus der dritten Gleichung entfernt, indem das Neunfache der zweiten Gleichung zu der dritten Gleichung addiert wird:

$$
\begin{aligned}
x_1 + 3x_2 + 4x_3 &= 23 \\
x_2 + \tfrac{1}{2}x_3 &= 4 \\
-13{,}5x_3 &= -54
\end{aligned}
$$

Aus Gleichung drei ergibt sich $x_3 = 4$. Dieser Wert wird in die Gleichung zwei eingesetzt, damit errechnet sich für $x_2 = 2$. Werden die Werte für x_1 und x_2 wiederum in die erste Gleichung eingesetzt, erhält man: $x_1 = 1$.

3. Hinweise zur Lösung

Durch das Eliminationsverfahren von Gauß soll die Matrix:

$$a_{11}\,x_1\ +\ a_{12}\,x_2\ +\ a_{13}\,x_3\ =\ b_1$$
$$a_{21}\,x_1\ +\ a_{22}\,x_2\ +\ a_{23}\,x_3\ =\ b_2$$
$$a_{31}\,x_1\ +\ a_{32}\,x_2\ +\ a_{33}\,x_3\ =\ b_3$$

in eine Stufenform gebracht werden:

$$c_{11}\,x_1\ +\ c_{12}\,x_2\ +\ c_{13}\,x_3\ =\ d_1$$
$$c_{22}\,x_2\ +\ c_{23}\,x_3\ =\ d_2$$
$$c_{33}\,x_3\ =\ d_3$$

Ausgangspunkt ist, dass die Matrix der Koeffizienten keine null aufweist. Ist das der Fall, muss wie in der Aufgabe zunächst die erste Zeile ausgetauscht werden. Die Zeile wird gegen eine Zeile getauscht, die ein Pivotelement an der ersten Stelle beinhaltet, das nicht null gleicht. Das Pivotelement ist Ausgangspunkt des Gauß'schen Eliminationsverfahrens. In der Aufgabe ist dies das erste Element in der ersten Zeile.

4. Literaturempfehlung

Sydsaeter, Knut; Peter Hammond und Arne Strøm (2013): Mathematik für Wirtschaftswissenschaftler. Basiswissen mit Praxisbezug, 4. Auflage, München, S. 654 ff.

Aufgabe 5: Lineares Gleichungssystem/Gauß-Jordan-Verfahren

Wissen
Bearbeitungszeit: 15 Minuten

1. Aufgabenstellung

Lösen Sie das Lineare Gleichungssystem durch das Gauß-Jordan-Verfahren mit strenger Pivotisierung:

$$9x_1\ +\ 2x_2\ +\ \ 6x_3\ -\ 8x_4\ =\ 6$$
$$-\ 5x_1\ +\ 3x_2\ +\ \ 3x_3\ +\ 4x_4\ =\ 6$$
$$7x_1\ +\ 4x_2\ +\ 11x_3\ -\ 3x_4\ =\ 6$$
$$2x_1\ +\ \ x_2\ +\ \ 3x_3\ +\ 4x_4\ =\ 6$$

2. Lösung

$$
\begin{array}{rrrr|r}
9 & 2 & 6 & -8 & 6 \\
-5 & 3 & 3 & 4 & 6 \\
7 & 4 & 11 & -3 & 6 \\
2 & \boxed{1} & 3 & 4 & 6 \\
\end{array}
$$

$$
\begin{array}{rrrr|rl}
5 & 0 & 0 & -16 & -6 & \\
-11 & 0 & -6 & -8 & -12 & I - 2 \cdot IV \\
-1 & 0 & \boxed{-1} & -19 & -18 & II - 3 \cdot IV \\
2 & 1 & 3 & 4 & 6 & III - 4 \cdot IV \\
\end{array}
$$

$$
\begin{array}{rrrr|rl}
\boxed{5} & 0 & 0 & -16 & -6 & \\
-5 & 0 & 0 & 106 & 96 & II + 6 \cdot III_n \\
1 & 0 & 1 & 19 & 18 & III \cdot (-1) \\
-1 & 1 & 0 & -53 & -4 & IV + 3 \cdot III \\
\end{array}
$$

$$
\begin{array}{rrrr|rl}
1 & 0 & 0 & -3{,}2 & -1{,}2 & I : 5 \\
0 & 0 & 0 & \boxed{90} & 90 & II + I \\
0 & 0 & 1 & 22{,}2 & 19{,}2 & III - I_n \\
0 & 1 & 0 & -56{,}2 & -49{,}2 & IV + I_n \\
\end{array}
$$

$$
\begin{array}{rrrr|rl}
1 & 0 & 0 & 0 & 2 & I + 3{,}2 \cdot II_n \\
0 & 0 & 0 & 1 & 1 & II : 90 \\
0 & 0 & 1 & 0 & -3 & III - 22{,}2 \cdot II_n \\
0 & 1 & 0 & 0 & 7 & IV + 56{,}2 \cdot II_n \\
\end{array}
$$

$$
\begin{array}{rrrr|r}
1 & 0 & 0 & 0 & 2 \\
0 & 1 & 0 & 0 & 7 \\
0 & 0 & 1 & 0 & -3 \\
0 & 0 & 0 & 1 & 1 \\
\end{array}
$$

$$x_1 = 2; \quad x_2 = 7; \quad x_3 = -3; \quad x_4 = 1$$

3. Hinweise zur Lösung

Das Gauß'sche Eliminationsverfahren basiert darauf, eine Treppenmatrix zu erhalten, so dass durch Einsetzen die jeweilige Lösung ermittelt wird. Bei einem Gauß-Jordan-Verfahren ist eine Diagonalmatrix zu ermitteln (schwache Pivotisierung), bei einer strengen Pivotisierung eine Einheitsmatrix. Die vorgeschriebene Vorgehensweise ist bei der Pivotisierung beim Lösen linearer Gleichungssysteme, dass die Diagonalelemente nacheinander Pivotelemente sind und mit dieser Pivotzeile die übrigen Zeilen mit elementaren Zeilenumformungen verändert werden.

Die römischen Ziffern sind Zeilenangaben von oben nach unten. Der Index n bedeutet, dass mit der neuen Zeile (auf „1" gebrachte Pivotzeile) aus dem nächsten Tableau gerechnet wird.

4. Literaturempfehlung

Mayer, Christoph; David Francas und Carsten Weber: Lineare Algebra für Wirtschaftswissenschaftler. Mit Aufgaben und Lösungen, 5. Auflage, Wiesbaden 2012, Kapitel 1.5.

Aufgabe 6: Determinanten

Wissen
Bearbeitungszeit: 20 Minuten

1. Aufgabenstellung

Berechnen Sie die folgenden Determinanten:

a) $\begin{vmatrix} 1 & 1 & 1 \\ 2 & 1 & -1 \\ 1 & -1 & 1 \end{vmatrix}$

b) $\begin{vmatrix} 2 & 1 & 1 \\ -1 & -1 & 1 \\ 3 & -1 & 1 \end{vmatrix}$

c) $\begin{vmatrix} 1 & 3 & 4 \\ 2 & -3 & 2 \\ 3 & -1 & 1 \end{vmatrix}$

d) $\begin{vmatrix} 4 & -1 & 3 \\ 3 & 5 & -1 \\ -2 & 1 & 4 \end{vmatrix}$

e) $\begin{vmatrix} 1 & -1 & 5 \\ 3 & 3 & -1 \\ 1 & 3 & 2 \end{vmatrix}$

f) $\begin{vmatrix} 1 & 2 & -1 \\ 3 & -1 & 1 \\ -2 & -4 & 2 \end{vmatrix}$.

2. Lösung

a) Entwicklung nach der ersten Zeile ergibt

$$\begin{vmatrix} 1 & 1 & 1 \\ 2 & 1 & -1 \\ 1 & -1 & 1 \end{vmatrix} = 1 \cdot \begin{vmatrix} 1 & -1 \\ -1 & 1 \end{vmatrix} - 1 \cdot \begin{vmatrix} 2 & -1 \\ 1 & 1 \end{vmatrix} + 1 \cdot \begin{vmatrix} 2 & 1 \\ 1 & -1 \end{vmatrix}$$

$$= 1(1 \cdot 1 - (-1) \cdot (-1)) - (2 + 1) + (-2 - 1) = -6$$

b) 8   c) 39   d) 133   e) 46   f) 0

3. Hinweise zur Lösung

Die Determinante ist eine Funktion, die jeder quadratischen Matrix eine reelle Zahl zuordnet. Für eine Matrix 2. Ordnung, also einer Matrix mit zwei Zeilen und zwei Spalten, ist die Determinante allgemein

$$\begin{vmatrix} a_{11} & a_{12} \\ a_{21} & a_{22} \end{vmatrix} = a_{11} \cdot a_{22} + a_{21} \cdot a_{12}.$$

Eine Determinante kann auch durch Entwicklung nach Co-Faktoren berechnet werden. Einen Co-Faktor C_{ij} erhält man, wenn aus der Ausgangsmatrix die i-te Zeile und die j-te Spalte gestrichen wird und von diesem Rest dann die Determinante gebildet wird wobei das Ergebnis noch mit $(-1)^{i+j}$ multipliziert werden muss.

$$C_{ij} = (-1)^{i+j} \begin{vmatrix} a_{11} & a_{12} & \cdots & a_{1j-1} & a_{1j+1} & \cdots & a_{1n} \\ \vdots & \vdots & & \vdots & \vdots & & \vdots \\ a_{i-11} & a_{i-12} & \cdots & a_{i-1j-1} & a_{i-1j+1} & \cdots & a_{i-1n} \\ a_{i+11} & a_{i+12} & \cdots & a_{i+1j-1} & a_{i+1j+1} & \cdots & a_{i+1n} \\ \vdots & \vdots & & \vdots & \vdots & & \vdots \\ a_{n1} & a_{n2} & \cdots & a_{nj-1} & a_{nj+1} & \cdots & a_{nn} \end{vmatrix}.$$

Es gilt: $\sum_{k=1}^{n} a_{ik} C_{ik} = \sum_{k=1}^{n} a_{kj} C_{kj}$.

Damit kann auch allgemein gezeigt werden, dass für eine Determinante dritter Ordnung gilt:

$$|A| = \begin{vmatrix} a_{11} & a_{12} & a_{13} \\ a_{21} & a_{22} & a_{23} \\ a_{31} & a_{32} & a_{33} \end{vmatrix}$$

$$= a_{11} \cdot (-1)^{1+1} \cdot \begin{vmatrix} a_{22} & a_{23} \\ a_{32} & a_{33} \end{vmatrix} + a_{12} \cdot (-1)^{1+2} \cdot \begin{vmatrix} a_{21} & a_{23} \\ a_{31} & a_{33} \end{vmatrix} + a_{13} \cdot (-1)^{1+3} \cdot \begin{vmatrix} a_{21} & a_{22} \\ a_{31} & a_{32} \end{vmatrix}$$

$$= a_{11} (a_{22} a_{33} - a_{32} a_{23}) - a_{12} (a_{21} a_{33} - a_{31} a_{23}) + a_{13} (a_{21} a_{32} - a_{31} a_{22})$$

$$= a_{11} a_{22} a_{33} - a_{11} a_{32} a_{23} - a_{12} a_{21} a_{33} + a_{12} a_{31} a_{23} + a_{13} a_{21} a_{31} - a_{13} a_{31} a_{22}$$

Mit Hilfe dieser Entwicklung kann eine Determinante beliebiger Ordnung berechnet werden, denn die Determinanten der Co-Faktoren sind immer eine Ordnung kleiner als die der Ausgangsmatrix.

4. Literaturempfehlung

Sydsaeter, Knut; Peter Hammond und Arne Strøm (2013): Mathematik für Wirtschaftswissenschaftler. Basiswissen mit Praxisbezug, 4. Auflage, München 2013, Kapitel 16.1 bis 16.4.

Aufgabe 7: Errechnung der Inversen einer Matrix

Transfer, Anwenden
Bearbeitungszeit: 20 Minuten

1. Aufgabenstellung

Gegeben ist folgende Matrix:

$$A = \begin{pmatrix} 1 & 2 & 3 \\ 1 & 5 & 4 \\ 7 & 8 & 9 \end{pmatrix}$$

Berechnen Sie die inverse Matrix A^{-1} mit Hilfe der Regel von Cramer.

2. Lösung

$$|A| = \begin{vmatrix} 1 & 2 & 3 \\ 1 & 5 & 4 \\ 7 & 8 & 9 \end{vmatrix} = \left\{ 1 \begin{vmatrix} 5 & 4 \\ 8 & 9 \end{vmatrix} - 2 \begin{vmatrix} 1 & 4 \\ 7 & 9 \end{vmatrix} + 3 \begin{vmatrix} 1 & 5 \\ 7 & 8 \end{vmatrix} \right\}$$

$$|A| = 13 + 38 - 81 = -30$$

$$A^{-1} = \begin{pmatrix} b_{11} = \dfrac{\begin{vmatrix} 1 & 2 & 3 \\ 0 & 5 & 4 \\ 0 & 8 & 9 \end{vmatrix}}{-30} & b_{12} = \dfrac{\begin{vmatrix} 0 & 2 & 3 \\ 1 & 5 & 4 \\ 0 & 8 & 9 \end{vmatrix}}{-30} & b_{13} = \dfrac{\begin{vmatrix} 0 & 2 & 3 \\ 0 & 5 & 4 \\ 1 & 8 & 9 \end{vmatrix}}{-30} \\[3em] b_{21} = \dfrac{\begin{vmatrix} 1 & 1 & 3 \\ 1 & 0 & 4 \\ 7 & 0 & 9 \end{vmatrix}}{-30} & b_{22} = \dfrac{\begin{vmatrix} 1 & 0 & 3 \\ 1 & 1 & 4 \\ 7 & 0 & 9 \end{vmatrix}}{-30} & b_{23} = \dfrac{\begin{vmatrix} 1 & 0 & 3 \\ 1 & 0 & 4 \\ 7 & 1 & 9 \end{vmatrix}}{-30} \\[3em] b_{31} = \dfrac{\begin{vmatrix} 1 & 2 & 1 \\ 1 & 5 & 0 \\ 7 & 8 & 0 \end{vmatrix}}{-30} & b_{32} = \dfrac{\begin{vmatrix} 1 & 2 & 0 \\ 1 & 5 & 1 \\ 7 & 8 & 0 \end{vmatrix}}{-30} & b_{33} = \dfrac{\begin{vmatrix} 1 & 2 & 0 \\ 1 & 5 & 0 \\ 7 & 8 & 1 \end{vmatrix}}{-30} \end{pmatrix}$$

$$A^{-1} = \begin{pmatrix} b_{11} = \frac{13}{-30} & b_{12} = \frac{6}{-30} & b_{13} = \frac{3}{-30} \\ b_{21} = \frac{19}{-30} & b_{22} = \frac{-12}{-30} & b_{23} = \frac{3}{-30} \\ b_{31} = \frac{-27}{-30} & b_{32} = \frac{6}{-30} & b_{33} = \frac{3}{-30} \end{pmatrix}$$

$$A^{-1} = \begin{pmatrix} -0{,}43 & -0{,}2 & 0{,}23 \\ -0{,}63 & 0{,}4 & 0{,}03 \\ -0{,}9 & -0{,}2 & -0{,}1 \end{pmatrix}$$

3. Hinweise zur Lösung

Die Matrix A^{-1} ist eine Inverse Matrix A, falls gilt:

$$AA^{-1} = A^{-1}A = E$$

E ist die Einheitsmatrix. Eine inverse Matrix lässt sich nur dann berechnen, falls die Matrix A eine von null abweichende Determinante besitzt. In diesem Fall sind die einzelnen Zeilen oder Spalten linear unabhängig voneinander.

Gegeben ist die Matrix: $A = \begin{pmatrix} a_{11} & a_{12} & a_{13} \\ a_{21} & a_{22} & a_{23} \\ a_{31} & a_{32} & a_{33} \end{pmatrix}$

Gesucht ist die Inverse zu dieser Matrix:

$$A^{-1} = \begin{pmatrix} b_{11} & b_{12} & b_{13} \\ b_{21} & b_{22} & b_{23} \\ b_{31} & b_{32} & b_{33} \end{pmatrix}$$

Bei einer 3×3 Matrix ergibt sich die Inverse einer Matrix mit Hilfe der Cramer'schen Regel durch:

$$A^{-1} = \begin{pmatrix} b_{11} = \dfrac{\begin{vmatrix} 1 & a_{12} & a_{13} \\ 0 & a_{22} & a_{23} \\ 0 & a_{32} & a_{33} \end{vmatrix}}{|A|} & b_{12} = \dfrac{\begin{vmatrix} 0 & a_{12} & a_{13} \\ 1 & a_{22} & a_{23} \\ 0 & a_{32} & a_{33} \end{vmatrix}}{|A|} & b_{13} = \dfrac{\begin{vmatrix} 0 & a_{12} & a_{13} \\ 0 & a_{22} & a_{23} \\ 1 & a_{32} & a_{33} \end{vmatrix}}{|A|} \\[3em] b_{21} = \dfrac{\begin{vmatrix} a_{11} & 1 & a_{13} \\ a_{21} & 0 & a_{23} \\ a_{31} & 0 & a_{33} \end{vmatrix}}{|A|} & b_{22} = \dfrac{\begin{vmatrix} a_{11} & 0 & a_{13} \\ a_{21} & 1 & a_{23} \\ a_{31} & 0 & a_{33} \end{vmatrix}}{|A|} & b_{23} = \dfrac{\begin{vmatrix} a_{11} & 0 & a_{13} \\ a_{21} & 0 & a_{23} \\ a_{31} & 1 & a_{33} \end{vmatrix}}{|A|} \\[3em] b_{31} = \dfrac{\begin{vmatrix} a_{11} & a_{12} & 1 \\ a_{21} & a_{22} & 0 \\ a_{31} & a_{32} & 0 \end{vmatrix}}{|A|} & b_{32} = \dfrac{\begin{vmatrix} a_{11} & a_{12} & 0 \\ a_{21} & a_{22} & 1 \\ a_{31} & a_{32} & 0 \end{vmatrix}}{|A|} & b_{33} = \dfrac{\begin{vmatrix} a_{11} & a_{12} & 0 \\ a_{21} & a_{22} & 0 \\ a_{31} & a_{32} & 1 \end{vmatrix}}{|A|} \end{pmatrix}$$

Die Determinante der Matrix ergibt sich durch:

$$|A| = \begin{vmatrix} a_{11} & a_{12} & a_{13} \\ a_{21} & a_{22} & a_{23} \\ a_{31} & a_{32} & a_{33} \end{vmatrix} = a_{11} \begin{vmatrix} a_{22} & a_{23} \\ a_{32} & a_{33} \end{vmatrix} - a_{12} \begin{vmatrix} a_{21} & a_{23} \\ a_{31} & a_{33} \end{vmatrix} + a_{13} \begin{vmatrix} a_{21} & a_{22} \\ a_{31} & a_{32} \end{vmatrix}$$

4. Literaturempfehlung

Sydsaeter, Knut; Peter Hammond und Arne Strøm (2013): Mathematik für Wirtschaftswissenschaftler. Basiswissen mit Praxisbezug, 4. Auflage, München, S. 698 ff.

Aufgabe 8: Optimierung/Simplex-Verfahren

Anwenden, Wissen
Bearbeitungszeit: 20 Minuten

1. Aufgabenstellung

Ermitteln Sie die optimale Lösung des unten stehenden Maximierungsproblems graphisch und mit Hilfe des Simplex-Algorithmus.

$$z = 3x_1 + 5x_2 \rightarrow \text{max!}$$

mit:

$$x_1 + 2x_2 \leq 17$$
$$x_1 + x_2 \leq 15$$
$$3x_2 \leq 18$$

und $x_1, x_2 \geq 0$.

a) Schraffieren Sie den zulässigen Bereich, zeichnen die Zielfunktion ein und kreisen den Optimalpunkt ein.

b) Ändert sich die Lösung, wenn eine weitere Nebenbedingung $x_1 \leq 5$ eingefügt wird? (Falls ja, kurze Begründung!)

2. Lösung

a)

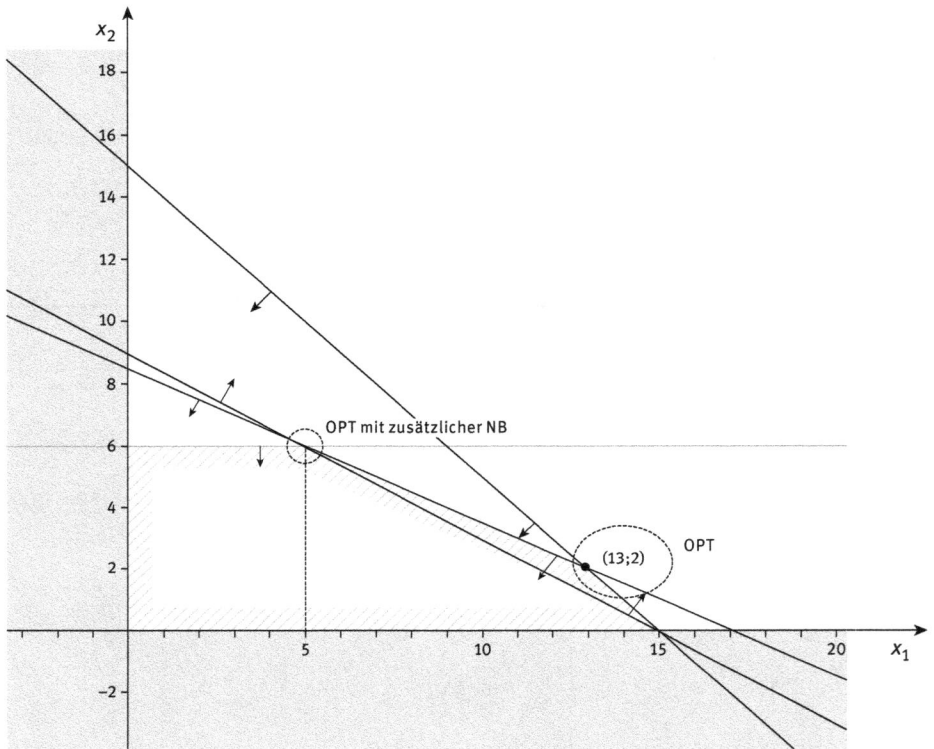

Abb. 3. Lineares Optimierungsproblem

	x_1	x_2	s_1	s_2	s_3	b
s_1	1	2	1	0	0	17
s_2	1	1	0	1	0	15
s_3	0	[3]	0	0	1	18
z	−3	−5	0	0	0	0

	x_1	x_2	s_1	s_2	s_3	b
s_1	[1]	0	1	0	$-\frac{2}{3}$	5
s_2	1	0	0	1	$-\frac{1}{3}$	9
s_3	0	1	0	0	$\frac{1}{3}$	6
z	−3	0	0	0	$\frac{5}{3}$	30

	x_1	x_2	s_1	s_2	s_3	b
x_1	1	0	1	0	$-\frac{2}{3}$	5
s_2	0	0	-1	1	$\boxed{\frac{1}{3}}$	4
x_2	0	1	0	0	$\frac{1}{3}$	6
z	0	0	3	0	$-\frac{1}{3}$	45

	x_1	x_2	s_1	s_2	s_3	b
x_1	1	0	-1	2	0	13
s_3	0	0	-3	3	1	12
x_2	0	1	1	-1	0	2
z	0	0	2	1	0	49

$$x_1^{\text{opt}} = 13$$
$$x_2^{\text{opt}} = 2$$
$$s_1^{\text{opt}} = s_2^{\text{opt}} = 0$$
$$s_3^{\text{opt}} = 12$$
$$z_{\max} = 49$$

b) Der Optimalpunkt ändert sich durch Einfügen der zusätzlichen Nebenbedingung.

Der Optimalpunkt ist dann $x_1^{\text{opt}} = 5$, $x_2^{\text{opt}} = 6$ mit $z_{\max} = 45$.

3. Hinweise zur Lösung

Pivotisierungsstrategie: Wählen Sie den kleinsten Koeffizienten in der Zielfunktionsleiste, so erhalten Sie die Pivotspalte. Dividieren Sie die Zahlen größer Null aus der Pivotspalte und teilen mit den dazu gehörigen Zahlen im Kapazitätsvektor. Die Pivotzeile ist dann der kleinste Quotient.

4. Literaturempfehlung

Mayer, Christoph; David Francas und Carsten Weber: Lineare Algebra für Wirtschaftswissenschaftler. Mit Aufgaben und Lösungen, 5. Auflage, Wiesbaden 2012, Kapitel 8.

Aufgabe 9: Simplex-Algorithmus

Transfer, Anwenden
Bearbeitungszeit: 20 Minuten

1. Aufgabenstellung

In einem Unternehmen sollen für zwei Produktarten (x_1 und x_2) diejenigen Produktionsmengen bestimmt werden, die zu einem maximalen Periodengewinn führen. Dabei setzt sich der Gewinn zusammen aus den Stückdeckungsbeiträgen der Produktarten 1 und 2 jeweils in Höhe von 8 GE sowie bereichsbezogenen Fixkosten in Höhe von 40 GE. Die Produktarten werden auf 3 Aggregaten bearbeitet. Die Kapazitäten (in Zeiteinheiten (ZE)) der Aggregate sowie die zeitliche Inanspruchnahme durch jeweils eine Mengeneinheit (ME) der Produktarten sind in der nachfolgenden Tabelle zusammengefasst:

Tab. 3. Angaben zur Ermittlung des Planungsproblems

	Aggregat I	Aggregat II	Aggregat III
Produktart 1	2 ZE	4 ZE	8 ZE
Produktart 2	8 ZE	2 ZE	10 ZE
Kapazität	40 ZE	24 ZE	60 ZE

Darüber hinaus ist noch die folgende Nebenbedingung zu berücksichtigen:

$$4x_1 - 6x_2 \leq 12$$

a) Stellen Sie das Planungsproblem graphisch dar (1 ME = 1 cm bzw. 2 Kästchen) und ermitteln Sie mit Hilfe der Grafik die exakte Optimallösung (nicht nur ablesen) inkl. der Werte der Schlupfvariablen und des Gewinns.
   Hinweis: Unter Umständen müssen Sie das Blatt für die Zeichnung quer legen!
b) Stellen Sie für die Anwendung der Simplexmethode das Ausgangstableau auf.

2. Lösung

a) Zielfunktion sowie Nebenbedingungen mit ihren Achsen-Schnittpunkten:

$$G = 8x_1 + 8x_2 - 40 \rightarrow \text{max!}$$

Nebenbedingungen:

(I):	$2x_1 + 8x_2 \leq 40$		$\Rightarrow$ Punkte $(20; 0)\,(0; 5)$
(II):	$4x_1 + 2x_2 \leq 24$		$\Rightarrow$ Punkte $(6; 0)\,(0; 12)$
(III):	$8x_1 + 20x_2 \leq 60$		$\Rightarrow$ Punkte $(7,5; 0)\,(0; 6)$
(IV):	$4x_1 - 6x_2 \leq 12$	$\Rightarrow \quad x_2 \geq \frac{2}{3}x_1 - 2$	$\Rightarrow$ Punkte $(3; 0)\,(0; -2)$

Grafische Darstellung:

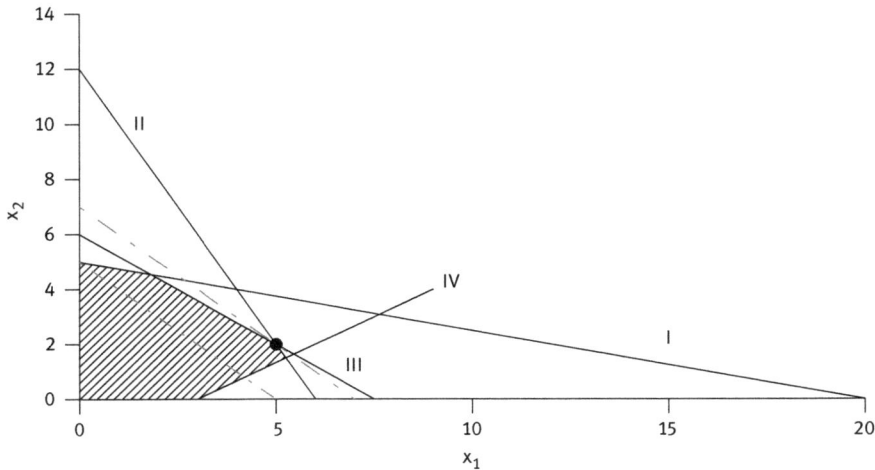

Abb. 4. Grafische Darstellung des Planungsproblems

Das Maximum der Zielfunktion liegt im Schnittpunkt der Geraden II und III. Die Optimal-Lösung kann somit durch Lösen des Gleichungssystems mit den beiden Nebenbedingungen II und III als Gleichheitsbedingung.

$\Rightarrow$ Maximum im Schnittpunkt von (II) und (III)!

$\Rightarrow$ (II): $\quad 4x_1 + 2x_2 = 24$

$\Rightarrow$ (III): $\quad 8x_1 + 10x_2 = 60$

$\Rightarrow 2 \cdot$ (II) $-$ (III): $\quad -6x_2 = -12 \qquad \Leftrightarrow \quad x_2 = 2$

$\Rightarrow$ in (II): $\quad 4x_1 + 2 \cdot 2 = 24 \qquad \Leftrightarrow \quad x_1 = 5$

$\Rightarrow$ in (I): $\quad 2 \cdot 5 + 8 \cdot 2 + y_1 = 40 \qquad \Leftrightarrow \quad y_1 = 14$

$\Rightarrow$ in (IV): $\quad 4 \cdot 5 - 6 \cdot 2 + y_4 = 12 \qquad \Leftrightarrow \quad y_4 = 4$

$\Rightarrow G_{max} = 8 \cdot 5 + 8 \cdot 2 - 40 = 16$

$\Rightarrow$ Lösung: $\quad x_1 = 5,\ x_2 = 2,\ y_1 = 14,\ y_2 = 0,\ y_3 = 0,\ y_4 = 4,\ G_{max} = 16$

b)

Tab. 4. Ausgangstableau für das Simplex-Verfahren

	x_1	x_2	y_1	y_2	y_3	y_4	T
y_1	2	8	1	0	0	0	40
y_2	4	2	0	1	0	0	24
y_3	8	10	0	0	1	0	60
y_4	4	−6	0	0	0	1	12
$k_i - g_i$	−8	−8	0	0	0	0	0

3. Hinweise zur Lösung

Die grafische Lösung der Fragestellung dient vor allem der Veranschaulichung des grundsätzlichen Vorgehens bei der linearen Optimierung unter Ungleichheitsnebenbedingungen. Die schraffierte Fläche stellt dabei den zulässigen Lösungsbereich dar, in dem alle Nebenbedingungen erfüllt sind. Das gesuchte Optimum erhält man dann durch Parallelverschiebung der Zielfunktion bis an den Rand des zulässigen Bereichs. Das Optimum liegt auf jeden Fall immer in einem der Eckpunkte des zulässigen Bereichs (bzw. im Spezialfall auf einer gesamten Kante).

4. Literaturempfehlung

Peters, Horst (2012): Wirtschaftsmathematik, 4. Auflage, Stuttgart 2012, Kapitel 6.3.
Bloech, Jürgen et al. (2014): Einführung in die Produktion, 7. Auflage, Berlin und Heidelberg 2014, Kapitel 4.4.5.

3.2 Analysis

Aufgabe 1: Differentiation

Wissen
Bearbeitungszeit: 15 Minuten

1. Aufgabenstellung

Berechnen Sie die erste Ableitung:
a) $f(x) = -3\ln x$
b) $f(x) = 0,1x^4 - 2,3x^3 + 0,8x^2 - 8,2x + 6,4$
c) $f(x) = -3x^5 + x^4 - 2\sqrt{x}$
d) $f(x) = 6x\sqrt{x}$ (mit Produktregel)
e) $f(x) = [\ln(6x - 1)]^2$

2. Lösung

a) $f'(x) = -3 \cdot \frac{1}{x} = -\frac{3}{x}$
b) $f'(x) = 0,4x^3 - 6,9x^2 + 1,6x - 8,2$
c) $f'(x) = -15x^4 + 4x^3 - \frac{1}{\sqrt{x}}$
d) $f'(x) = 9\sqrt{x}$
e) $f'(x) = \dfrac{12\,[\ln(6x - 1)]}{6x - 1}$

3. Hinweise zur Lösung

Hier werden die elementaren Regeln der Differentiation angewendet.

4. Literaturempfehlung

Tietze, Jürgen (2013): Einführung in die angewandte Wirtschaftsmathematik. Das praxisnahe Lehrbuch – inklusive Brückenkurs für Einsteiger, 17. Auflage, Wiesbaden 2013, Kapitel 5 und 8.

Aufgabe 2: Integrale

Wissen
Bearbeitungszeit: 20 Minuten

1. Aufgabenstellung

Berechnen Sie folgende Integrale:

a) $\int \left(8\sqrt[3]{x} + e^x + \frac{2}{3x} \right) dx$

b) $\int\limits_0^x e^t\, dt$

c) $\int\limits_{-3}^5 \left(3x^2 + 6x \right) dx$

d) mit partieller Integration $\int \ln x\, dx$

e) mit Substitution $\int \frac{8}{e^{4x-3}}\, dx$

2. Lösung

a) $\int \left(8\sqrt[3]{x} + e^x + \frac{2}{3x} \right) dx = 6\sqrt[3]{x^4} + e^x + \frac{2}{3}\ln x + c$

b) $\int\limits_0^x e^t\, dt = \left[e^t \right]_0^x = e^x - e^0 = e^x - 1$

c) $\int\limits_{-3}^5 \left(3x^2 + 6x \right) dx = \left[x^3 + 3x^2 \right]_{-3}^5 = 125 + 75 - (-27 + 27) = 200$

d) Wir führen eine Multiplikation mit 1 hinzu; also

$$\int \underbrace{\ln x}_{u(x)} \cdot \underbrace{1}_{v'(x)} \, dx \, .$$

Damit haben wir $u(x) = \ln(x)$ und $v'(x) = 1$.
Also ist $u'(x) = \frac{1}{x}$ und $v(x) = x + c$.
Das ergibt:

$$\int \underbrace{\ln x}_{u(x)} \cdot \underbrace{1}_{v'(x)} \, dx = \underbrace{\ln(x)}_{u(x)} \cdot \underbrace{x}_{v(x)} - \int \underbrace{\frac{1}{x}}_{u'(x)} \cdot \underbrace{x}_{v(x)} \, dx \, ,$$

dabei ist im unbestimmten Integral die Konstante „versteckt".
Es gilt:

$$\ln(x) \cdot x - \int \frac{1}{x} \cdot x \, dx = \ln(x) \cdot x - \int 1 \cdot dx \, .$$

Das Integral auf der rechten Seite ist nun einfach zu bestimmen. Insgesamt erhält man somit:

$$\int \ln x \, dx = \ln(x) \cdot x - x + C = x \cdot (\ln(x) - 1) + C \, .$$

e) Hier substituieren wir $z = 3 - 4x$. Das ergibt $\frac{dz}{dx} = -4 \Leftrightarrow dx = -\frac{1}{4}dz$

$$\int \frac{8}{e^{4x-3}} \, dx = \int 8 \cdot e^{3-4x} \, dx = -\int 2 \cdot e^z \, dz = -2 \cdot e^z + C = -2 \cdot e^{3-4x} + C$$

3. Hinweise zur Lösung

Bei a), b) und c) genügen die Kenntnisse der Grundintegrale. Zu d): Schreiben Sie den Integranden als Produkt, indem Sie mit 1 multiplizieren; $\ln(x) \cdot 1$. e) Substituieren Sie mit $z = 3 - 4x$.

4. Literaturempfehlung

Tietze, Jürgen (2013): Einführung in die angewandte Wirtschaftsmathematik. Das praxisnahe Lehrbuch – inklusive Brückenkurs für Einsteiger, 17. Auflage, Wiesbaden 2013, Kapitel 5 und 8.

Aufgabe 3: Kosten- und Gewinnfunktion

Transfer, Anwenden
Bearbeitungszeit: 20 Minuten

1. Aufgabenstellung

Ein Unternehmen hat in einem Marktsegment eine Monopolstellung, wobei sich der folgende Zusammenhang zwischen Preis und Absatzmenge gezeigt hat:

$$p(x) = 120 - 0{,}02x$$

An variablen Stückkosten fallen 30 Geldeinheiten (GE) an, Fixkosten sind in Höhe von 40.000 GE zu berücksichtigen.

a) Ermitteln Sie Umsatz-, Kosten- und Gewinnfunktion.

b) Zeichnen Sie die ersten beiden in ein gemeinsames Diagramm (500 Mengeneinheiten (ME) = 1 cm, 20.000 GE = 1 cm), leiten Sie grafisch den Verlauf der Gewinnfunktion her und ermitteln Sie in der Grafik das Gewinnmaximum.

c) Überprüfen Sie algebraisch die von Ihnen eingezeichnete Menge maximalen Gewinns sowie die Break-Even-Mengen.

2. Lösung

a) Aufstellen von Umsatz-, Kosten- und Gewinnfunktion:

$$U(x) = p(x) \cdot x = (120 - 0{,}02x) \cdot x = 120x - 0{,}02x^2$$

$$K(x) = 40.000 + 30x$$

$$G(x) = U(x) - K(x) = -0{,}02x^2 + 90x - 40.000$$

b)

Tab. 5. Wertetabelle

x	0	1.000	2.000	3.000	4.000	5.000
$U(x)$	0	100.000	160.000	180.000	160.000	100.000
$K(x)$	40.000	–	–	–	–	190.000

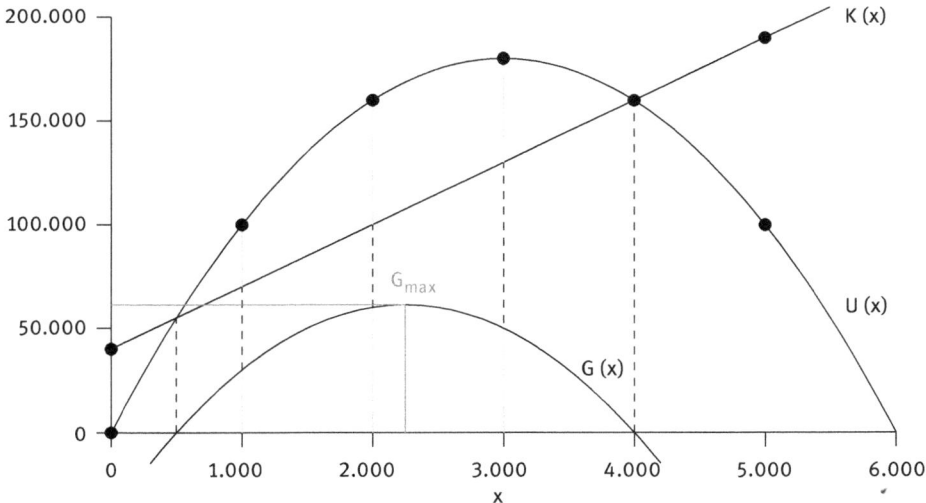

Abb. 5. Grafische Darstellung von Umsatz- und Kostenfunktion sowie Herleitung der Gewinnfunktion

Das Gewinnmaximum liegt im Punkt $(x;\ G(x)) = (2.250;\ 61.250)$.

c) Berechnung der Break-Even-Mengen und des Gewinn-Maximums:

$$G(x) = -0,02x^2 + 90x - 40.000$$

Bestimmung der Break-Even-Mengen durch Nullsetzen der Gewinnfunktion:

$$\Rightarrow -0,02x^2 + 90x - 40.000 = 0 \qquad | \; \cdot(-50)$$
$$x^2 - 4.500x + 2.000.000 = 0 \qquad | \; p\text{-}q\text{-Formel}$$

$$x = -\left(\frac{-4.500}{2}\right) \pm \sqrt{\left(\frac{-4.500}{2}\right)^2 - 2.000.000}$$

$$x_1 = 500 \qquad x_2 = 4.000$$

Bestimmung des Gewinnmaximums durch Nullsetzen des Grenzgewinns

$$\Rightarrow \quad G'(x) = -0,04x + 90 \overset{!}{=} 0 \qquad \Rightarrow \quad x = 2.250$$
$$\Rightarrow \quad G''(x) = -0,04 < 0 \qquad \Rightarrow \quad \text{konkave Funktion, Maximum!}$$
$$\Rightarrow \quad G_{\max} = G(2.250) = 61.250$$

3. Hinweise zur Lösung

Die in Aufgabenteil c) bestimmte Break-Even-Menge ist ein beliebtes Konzept in Controlling und Unternehmensplanung. Der Break-Even-Point – oder die Gewinnschwelle – ist der Punkt, ab dem die Umsatzerlöse die Gesamtkosten decken bzw. übersteigen.

4. Literaturempfehlung

Bloech, Jürgen et al. (2014): Einführung in die Produktion, 7. Auflage, Berlin und Heidelberg 2014, Kapitel 4.4.1. (für den wirtschaftswissenschaftlichen Hintergrund).

Fischer, Thomas; Klaus Möller und Wolfgang Schultze (2015): Controlling. Grundlagen, Instrumente und Entwicklungsperspektiven, 2. Auflage, Stuttgart 2015, Kapitel 4.3 (für weitere Details zur Break-Even-Analyse).

Sydsaeter, Knut; Peter Hammond und Arne Strøm (2013): Mathematik für Wirtschaftswissenschaftler. Basiswissen mit Praxisbezug, 4. Auflage, München 2013, Kapitel 8 (für die mathematischenGrundlagen).

Aufgabe 4: Funktionstypen bei Kostenfunktionen

Transfer, Anwenden
Bearbeitungszeit: 6 Minuten

---

1. Aufgabenstellung

Bei der Herstellung eines Produktes ist für den Zusammenhang zwischen der Produktionsmenge x und den Kosten K die folgende Kostenfunktion gegeben:

$$K(x) = -8x + x^2 + 25$$

a) Für welche Produktionsmenge x sind die Grenzkosten Null, gilt also $K'(x) = 0$?
b) Ermitteln Sie die Stückkostenfunktion $k(x) = \frac{K(x)}{x}$! Für welche Produktionsmenge x werden die Grenzstückkosten Null, gilt also $k'(x) = 0$?

2. Lösung

a) $K'(x) = -8 + 2x = 0 \Leftrightarrow x = 4$

$$k(x) = \frac{K(x)}{x} = \frac{-8x + x^2 + 25}{x} = -8 + x + \frac{25}{x} = -8 + x + 25x^{-1}$$

b) $\Rightarrow \quad k'(x) = 1 - 25x^{-2} = 1 - \frac{25}{x^2} = 0 \Leftrightarrow 1 = \frac{25}{x^2} \Leftrightarrow x^2 = 25 \Leftrightarrow x = \pm 5$

Da eine Produktionsmenge nicht negativ sein kann, verbleibt als Lösung die Produktionsmenge $x = 5$.

3. Hinweise zur Lösung

Für die Ableitung in Aufgabenteil b) wird die Potenzregel verwendet.

Um sicher zu gehen, dass die Lösungen in a) und b) auch jeweils das Minimum der Kosten bzw. der Stückkosten darstellen, müsste man jeweils noch die zweite Ableitung überprüfen. Diese müsste für ein Minimum positiv sein.

4. Literaturempfehlung

Bloech, Jürgen et al. (2014): Einführung in die Produktion, 7. Auflage, Berlin und Heidelberg 2014, Kapitel 2 (für Hintergründe zu Produktions- und Kostenfunktionen).
Sydsaeter, Knut; Peter Hammond und Arne Strøm (2013): Mathematik für Wirtschaftswissenschaftler. Basiswissen mit Praxisbezug, 4. Auflage, München 2013, Kapitel 6 und 8 (für die mathematischen Grundlagen).

Aufgabe 5: Funktionstypen bei der Analyse der Nachfrage

Transfer, Anwenden
Bearbeitungszeit: 6 Minuten

1. Aufgabenstellung

Ein Unternehmen hat aus historischen Verkaufszahlen für ein angebotenes Produkt ermittelt, dass der Zusammenhang zwischen dem Verkaufspreis p und der Nachfragemenge x durch die Nachfragefunktion $x = 10 - 0{,}1p$ beschrieben werden kann.

a) Stellen Sie mit der gegebenen Nachfragefunktion die Umsatzfunktion in Abhängigkeit vom Preis, $U(p)$, auf.

b) Ermitteln Sie die 1. und 2. Ableitung der Umsatzfunktion!

c) Berechnen Sie die Steigung der Umsatzfunktion für $p = 25$! Lässt sich der Umsatz durch eine Preiserhöhung weiter steigern?

d) Für welchen Preis p wird der Umsatz maximal?

2. Lösung

a) Aufstellen der Umsatzfunktion:

$$U(p) = p \cdot x(p) = p \cdot (10 - 0{,}1p) = 10p - 0{,}1p^2$$

b) Bestimmen 1. und 2. Ableitung der Umsatzfunktion:

$$U'(p) = 10 - 0{,}2p \qquad U''(p) = -0{,}2$$

c) Berechnen Sie die Steigung der Umsatzfunktion für $p = 25$:

$$U'(25) = 10 - 0{,}2 \cdot 25 = 5$$

Da die Steigung für $p = 25$ positiv ist, lässt sich der Umsatz noch eine Preiserhöhung weiter steigern.

d) Maximierung der Umsatzfunktion durch Nullsetzen der 1. Ableitung:

$$U'(p) = 10 - 0{,}2p = 0 \Leftrightarrow 10 = 0{,}2p \Leftrightarrow p = 50$$

Da die 2. Ableitung negativ ist (siehe b)), handelt es sich hier tatsächlich um das Umsatz-Maximum. Der maximale Umsatz beträgt:

$$U(50) = 10 \cdot 50 - 0{,}1 \cdot 50^2 = 250$$

3. Hinweise zur Lösung

Die in der Aufgabenstellung gegebene Nachfragefunktion ist ein typisches Beispiel für eine lineare Preis-Absatz-Funktion, welche die Absatzmenge x in Abhängigkeit vom gesetzten Preis p beschreibt. Zwei Extrempunkte auf dieser Preis-Absatz-Funktion erhält man für $p = 0$, hier ergibt sich $x(p = 0) = 10$ als sogenannte maximal absetzbare

Sättigungsmenge sowie für $x = 0$, hier ergibt sich $p(x = 0) = 100$ als sogenannter Prohibitivpreis, ab dem die Absatzmenge auf 0 sinkt.

Auch wenn die Realität häufig komplexer ist und die Absatzmenge in der Regel zumindest noch von den Preisen der Konkurrenz abhängen wird, gibt es in der Praxis sicherlich viele Situationen, in denen die Nachfrage zumindest in einer bestimmten Preisspanne annähernd durch eine lineare Preis-Absatz-Funktion beschrieben werden kann.

4. Literaturempfehlung

Sydsaeter, Knut; Peter Hammond und Arne Strøm (2013): Mathematik für Wirtschaftswissenschaftler. Basiswissen mit Praxisbezug, 4. Auflage, München 2013, Kapitel 6 und 8.

Aufgabe 6: Funktionstypen bei Produktionsfaktoren

Wissen, Transfer
Bearbeitungszeit: 30 Minuten

1. Aufgabenstellung

Die Funktion der Kosten eines Unternehmens lässt sich wie folgt beschreiben:

$$K(x_1, x_2) = x_1^2 (3 + x_2) + 125$$

a) Bitte ermitteln Sie die Grenzkosten der beiden Produktionsfaktoren x_1 und x_2.
b) Bitte zeigen Sie für welche Faktoreinsatzmengen die jeweiligen Kosten minimal werden.
c) Wie hoch sind die Gesamtkosten für diese Faktorkombination?

2. Lösung

a) $\dfrac{\partial K}{\partial x_1}(x_1, x_2) = 6x_1 + 2x_1 x_2$ $\dfrac{\partial K}{\partial x_2}(x_1, x_2) = x_1^2$

b) $x_1 = x_2 = 0$

c) $K(0; 0) = 125$

3. Hinweise zur Lösung

Zu a) Die Grenzkosten erhält man, indem man die Kostenfunktion nach den beiden Argumenten x_1 und x_2 ableitet. Diese Größe ist schon deswegen interessant, weil die Produktionsfaktoren in Höhe ihres Grenzproduktes entlohnt werden sollen. Und so auf den Preis des Gutes geschlossen werden kann.

Zu b) Die Kosten werden bei einer Faktoreinsatzmenge von jeweils null minimal. Dieses Ergebnis entspricht der Intuition, da x_1 und x_2 variable Produktionsfaktoren beschreiben. Verzichtet man gänzlich auf die Produktion, so sind die mit den variablen Produktionsfaktoren verbundenen Kosten ebenfalls null.

Zu c) In diesem Fall blieben allein die fixen, von der Produktion unabhängigen, Kosten übrig und die entsprechen laut Aufgabenstellung 125.

4. Literaturempfehlung

Varian, Hal (2011): Grundzüge der Mikroökonomik, 8. Auflage, München 2011, S. 423–429.

Aufgabe 7: Funktionstypen beim Monopolisten

Wissen, Transfer
Bearbeitungszeit: 30 Minuten

1. Aufgabenstellung

Ein Monopolist, der mit der linearen Kostenfunktion $K(x) = 0,7x + 3$ produziert, steht einer Preis-Absatz-Funktion $p(x) = -0,25x + 5$ gegenüber.
a) Bestimmen Sie die Erlösfunktion $E(x)$, die Stückkosten $k(x)$, die Grenzkosten $K'(x)$, den Grenzerlös $E'(x)$.
b) Bestimmen Sie die Gewinnschwelle und die Gewinngrenze, die Stellen für das Erlösmaximum, das Gewinnmaximum und den optimalen Kostenpunkt.
c) Bestimmen Sie für das Gewinnmaximum den Preis und den maximalen Gewinn.

2. Lösung

a) $E(x) = -0,25x^2 + 5x$; $k(x) = 0,7$; $K'(x) = 0,7$; $E'(x) = -0,5x + 5$
b) $G(x) = -0,25x^2 + 4,3x - 3$ damit ist die Gewinnschwelle bei $x = 0,728$ und die Gewinngrenze bei $x = 16,47$. Das Erlösmaximum liegt bei $x = 10$, das Gewinnmaximum bei $x = 8,6$ und die minimalen Kosten bei $x = 0$.
c) $p(8,6) = 2,85$; $G(8,6) = 15,49$.

3. Hinweise zur Lösung

Zu a): Die Erlösfunktion erhält man, wenn man die abgesetzte Menge mit dem zugehörigen Preis multipliziert. Die Stückkosten $k(x)$ ergeben sich aus der Kostenfunktion $K(x)$, wenn die angefallenen Kosten pro Einheit betrachtet werden, also $k(x) = \frac{K(x)}{x}$. Wenn eine Grenzfunktion bestimmt werden soll, so wird in der Regel die gleichlautende Funktion abgeleitet (Ausnahme: Die Grenzproduktivität ist die Ableitung der Produktionsfunktion. Die Ableitung der Produktivität ist der Grenzstückertrag.).

Zu b): Der Gewinn kann berechnet werden, wenn von den Erlösen die Kosten subtrahiert werden. Die Gewinnschwelle bezeichnet die Stelle, ab der der Gewinn zum ersten Mal größer oder gleich Null ist. Die Gewinngrenze ist analog dazu der Punkt, ab dem der Gewinn das erste Mal negativ wird. Die Extremstellen einer Funktion werden bestimmt, indem die erste Ableitung dieser Funktion gleich Null gesetzt wird und die so erhaltenen Werte in die zweite Ableitung der Funktion eingesetzt werden. Das Ergebnis ist eine Zahl. Ist diese Zahl größer Null, so handelt es sich um ein Minimum der Funktion. Ist sie kleiner Null, so ist es ein Maximum. Ist Sie gleich Null, so sind weitere Überprüfungen nötig.

Zu c): Der in b) bestimmte Wert für das Maximum wird zum einem in die Preis-Absatz-Funktion eingesetzt um den zugehörigen Preis zu ermitteln. Um den Gewinn im Maximum zu bestimmen wird der in b) ermittelte Wert in die Gewinnfunktion eingesetzt.

4. Literaturempfehlung

Sydsaeter, Knut; Peter Hammond und Arne Strøm (2013): Mathematik für Wirtschaftswissenschaftler. Basiswissen mit Praxisbezug, 4. Auflage, München 2013, Kapitel 6 und 8.

Aufgabe 8: Funktionstypen beim Betriebsoptimum und -minimum

Wissen, Transfer, Anwenden
Bearbeitungszeit: 30 Minuten

---

1. Aufgabenstellung

Bestimmen Sie das Betriebsoptimum und das Betriebsminimum der Kostenfunktion $K(x) = 5.000 - 2x + 20x^2 + 0,1x^3$, sowie die langfristige als auch die kurzfristige Preisuntergrenze sofern sie existieren.

2. Lösung

$$k(x) = 5.000x^{-1} - 2 + 20x + 0,1x^2 \; ; \quad k'(x) = -5.000x^{-2} + 20 + 0,2x = 0$$

Für das Newtonverfahren ist ein Startwert größer als Null zu wählen, zum Beispiel $x_0 = 5$. Es ergibt sich

$$x_n = x_{n-1} - \frac{-5.000 + 20x_{n-1}^2 + 0,2x_{n-1}^3}{40x_{n-1} + 0,6x_{n-1}^2}$$

für $x_1 = 26,56\ldots$; $x_2 = 16,4710$; $x_3 = 14,6883$; $x_4 = 14,7669$; $x_5 = 14,7589$; $x_6 = 14,7597$ (exakt auf 4 Stellen).

$k'(14,7597) = 10.000 \cdot 14,7597^{-3} + 0,2x > 0$, also handelt es sich um ein Betriebsoptimum. Die langfristige Preisuntergrenze entspricht damit 653,74 Geldeinheiten.

Analog ergibt sich $k_v(x) = -2 + 20x + 0,1x^2$ und damit $k'_v(x) = 20 + 0,2x = 0$. Eine Lösung dieser Gleichung existiert nur für negative Zahlen. Damit lässt sich keine kurzfristige Preisuntergrenze angeben.

3. Hinweise zur Lösung

Das Betriebsoptimum ist der Punkt, an dem die Stückkosten minimal sind. Also der Punkt, an dem die geringsten Kosten pro Stück anfallen. Um diesen Punkt bestimmen zu können, muss zunächst die Stückkostenfunktion $k(x) = \frac{K(x)}{x}$ bestimmt werden. Da von $k(x)$ das Minimum benötigt wird, muss die Funktion abgeleitet werden und Null gesetzt werden ($k'(x) = 0$). Hier ist es nicht einfach die Nullstellen zu bestimmen. Ein gängiges Verfahren ist das Newtonverfahren, welches iterativ eine Näherungslösung mit $x_n = x_{n-1} - \frac{f(x_{n-1})}{f'(x_{n-1})}$ liefert.

Mit Hilfe der zweiten Ableitung wird überprüft, ob es sich um ein Minimum handelt. Der so erhaltene Wert wird für die langfristige Preisuntergrenze in $k(x)$ eingesetzt.

Das Betriebsmimimum wird ähnlich bestimmt. Gesucht ist der Punkt, an dem die Stückvariablenkosten minimal sind. Um diesen Punkt bestimmen zu können, muss zunächst die Stückvariablenkostenfunktion $k_v(x) = \frac{K_v(x)}{x}$ bestimmt werden. Da von $k(x)$ das Minimum benötigt wird, muss die Funktion abgeleitet werden und Null gesetzt werden ($k'(x) = 0$). Hier ist es meist einfacher die Nullstellen zu bestimmen. Im Anschluss wird mit Hilfe der zweiten Ableitung überprüft, ob es sich um ein Minimum handelt. Der so erhaltene Wert wird für die kurzfristige Preisuntergrenze in $k_v(x)$ eingesetzt.

4. Literaturempfehlung

Sydsaeter, Knut; Peter Hammond und Arne Strøm (2013): Mathematik für Wirtschaftswissenschaftler. Basiswissen mit Praxisbezug, 4. Auflage, München 2013, Kapitel 6 und 8.

Aufgabe 9: Funktionstypen mit zwei unabhängigen Variablen

Wissen, Transfer
Bearbeitungszeit: 20 Minuten

1. Aufgabenstellung

Gegeben sei die Produktionsfunktion $x(r_1, r_2) = r_1^{0,2} \cdot r_2^{0,8}$. Die Kosten für die Produktionsfaktoren je ME betragen für $r_1 = 3$ GE und für $r_2 = 5$ GE. Wie viele Einheiten von r_1 und r_2 müssen eingesetzt werden, wenn bei einer festgelegten Kostensumme von 200 GE möglichst viele Produkte hergestellt werden sollen?

2. Lösung

Es ergibt sich für $r_1 = \frac{40}{3}$ und damit für $r_2 = 32$.

3. Hinweise zur Lösung

Hier soll ein Extremwert bestimmt werden, der durch eine Nebenbedingung einge-schränkt wird. Dazu gibt es zwei übliche Verfahren. Lässt sich die Nebenbedingung nach einer Variable auflösen, so kann diese in die zu optimierenden Funktion einge-setzt werden, und dann der Extremwert wie bekannt bestimmt werden. Hier kann die Nebenbedingung zu Beispiel nach $r_2 = 40 - \frac{3}{5}r_1$ aufgelöst werden. Dann muss nur die Funktion $x(r_1) = r_1^{0,2}\left(40 - \frac{3}{5}r_1\right)^{0,8}$ optimiert werden. Die andere häufig in der BWL verwendete Methode ist der Ansatz nach Lagrange (siehe unten).

4. Literaturempfehlung

Sydsaeter, Knut; Peter Hammond und Arne Strøm (2013): Mathematik für Wirtschaftswissenschaft-ler. Basiswissen mit Praxisbezug, 4. Auflage, München 2013, Kapitel 14.

Aufgabe 10: Regula Falsi

Anwenden
Bearbeitungszeit: 15 Minuten

---

1. Aufgabenstellung

Gesucht ist die Lösung der Gleichung

$$\frac{8}{x} + \frac{8}{x^2} + \frac{8}{x^3} + \frac{8}{x^4} + \frac{108}{x^5} = 102 \, .$$

Berechnen Sie mit $a_0 = 1,0$ und $b_0 = 1,6$ die ersten 2 Iterationen der Regula Falsi.

2. Lösung

$$\frac{8}{x} + \frac{8}{x^2} + \frac{8}{x^3} + \frac{8}{x^4} + \frac{108}{x^5} = 102$$

$$\Leftrightarrow \frac{8}{x} + \frac{8}{x^2} + \frac{8}{x^3} + \frac{8}{x^4} + \frac{108}{x^5} = 102 = 0$$

Auf dem Intervall $[1,0; \, 1,6]$ ergibt sich:

$$a_0 = 1,0 \qquad\qquad b_0 = 1,6$$

$$f(a_0) = 38 \qquad\qquad f(b_0) = -80,4015$$

$$c_1 = a_0 - \frac{b_0 - a_0}{f(b_0) - f(a_0)} \cdot f(a_0)$$

Gleiches Vorzeichen bei $f(c_k)$ und $f(a_{k-1})$, dann: $a_k := c_k$ und $b_k := b_{k-1}$
Gleiches Vorzeichen bei $f(c_k)$ und $f(b_{k-1})$, dann: $b_k := c_k$ und $a_k := a_{k-1}$

1. Iterationsschritt:

$$c_1 = 1,0 - \frac{1,6 - 1,0}{-80,4015 - 38} \cdot 38 = 1,1926$$

$$f(c_1) = -36,2227$$

Wegen des gleichen Vorzeichens von $f(c_1)$ und $f(b_0)$ ist

$$b_1 := c_1; \quad a_1 := a_0$$

2. Iterationsschritt:

$$c_2 = 1,0 - \frac{1,1926 - 1,0}{-36,2227 - 38} \cdot 38 = 1,0986$$

$$f(c_2) = -9,0783$$

$$|c_2 - c_1| = |1,0986 - 1,1926| = 0,0940$$

3. Hinweise zur Lösung

Eine Multiplikation mit der höchsten Potenz ist nicht erforderlich. Falls Sie diesen Schritt als erstes durchführen, erhalten Sie andere Resultate nach den beiden Schritten.

4. Literaturempfehlung

Tietze, Jürgen: Einführung in die angewandte Wirtschaftsmathematik, 17. Auflage, Kapitel 2.4, S. 203 ff., Springer Spektrum, 2013.

Aufgabe 11: Grenzwertbegriff

Verstehen
Bearbeitungszeit: 15 Minuten

1. Aufgabenstellung

Veranschaulichen Sie die ε-δ-Definition durch folgende Beispiele:

a) $f(x) = 2x + 1$; $x_0 = 3$; $\delta_\varepsilon = \frac{1}{10}$; $\varepsilon =?$
b) $f(x) = x^2$; $x_0 = 2$; $\delta_\varepsilon = \frac{1}{10}$; $\varepsilon =?$

2. Lösung

a)

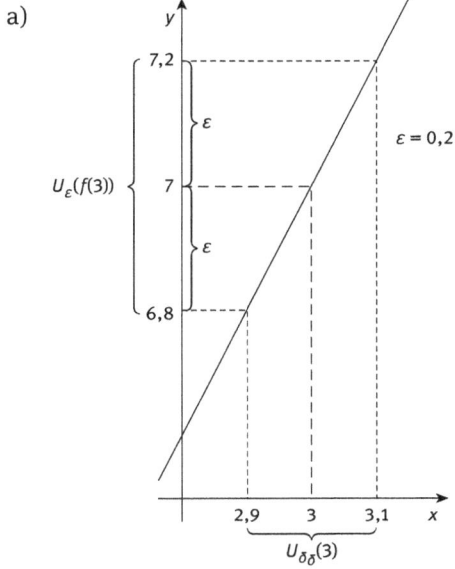

Abb. 6. Funktionsgraph mit Umgebungen für *x*- und Funktionswerte (nicht maßstabsgetreu)

b)

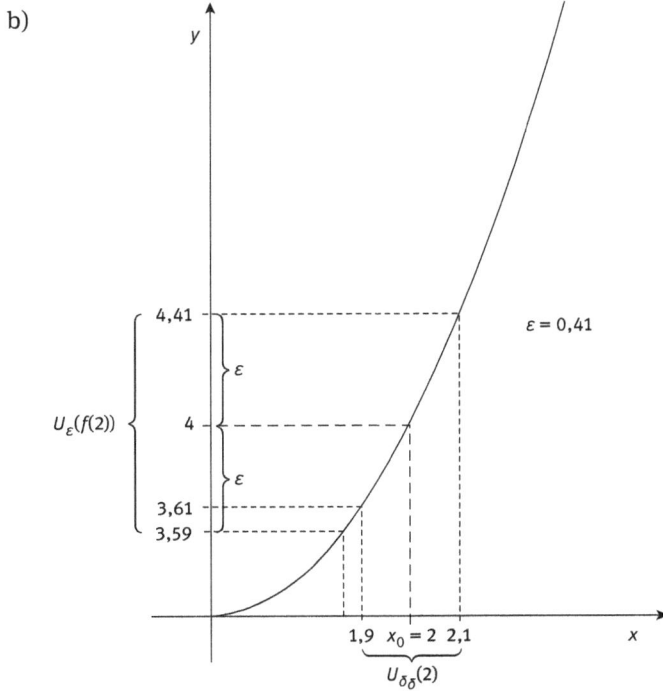

Abb. 7. Funktionsgraph mit Umgebungen für *x*- und Funktionswerte (nicht maßstabsgetreu)

3. Hinweise zur Lösung

Wenn der Grenzwertbegriff auf die Definition der Stetigkeit angewandt wird, ergibt sich die sog. ε-δ-Formulierung der Stetigkeit. Lesen Sie hierzu genau die Definitionen.

4. Literaturempfehlung

Sydsaeter, Knut; Peter Hammond und Arne Strøm (2013): Mathematik für Wirt-schaftswissenschaft-ler. Basiswissen mit Praxisbezug, 4. Auflage, München 2013, S. 295 f.

Aufgabe 12: Stetigkeit

Anwendung
Bearbeitungszeit: 10 Minuten

1. Aufgabenstellung

Untersuchen Sie auf Stetigkeit.

$$f(x) = \begin{cases} -x^2 & \text{für } x \leq 1 \\ x - 1 & \text{für } x > 1 \end{cases}$$

2. Lösung

Für jeden Abschnitt ist die Funktion stetig.

x^2 ist stetig, da Potenzfunktionen stetig sind.

$x - 1$ ist stetig, da lineare und konstante Funktionen stetig sind und die Stetigkeit erhalten bleibt, wenn stetige Funktionen durch Addition bzw. Subtraktion verknüpft werden können.

Folglich kommt nur der Abschnittsübergang für eine genauere Analyse in Frage, also die Stelle $x_0 = 1$.

Wir müssen untersuchen, an dieser Stelle die links- und rechtsseitigen Grenzwerte übereinstimmen.

$$\lim_{x \uparrow 1} \left(-x^2 \right) = (-1) \cdot \lim_{x \uparrow 1} x^2 = -1$$

$$\lim_{x \downarrow 1} (x - 1) = \lim_{x \downarrow 1} x - \lim_{x \downarrow 1} 1 = \lim_{x \downarrow 1} 1 - 1 = 1 - 1 = 0$$

An der Stelle $x_0 = 1$ stimmen links- und rechtsseitige Grenzwerte <u>nicht</u> überein. Folglich ist die Funktion f an dieser Stelle <u>nicht</u> stetig.

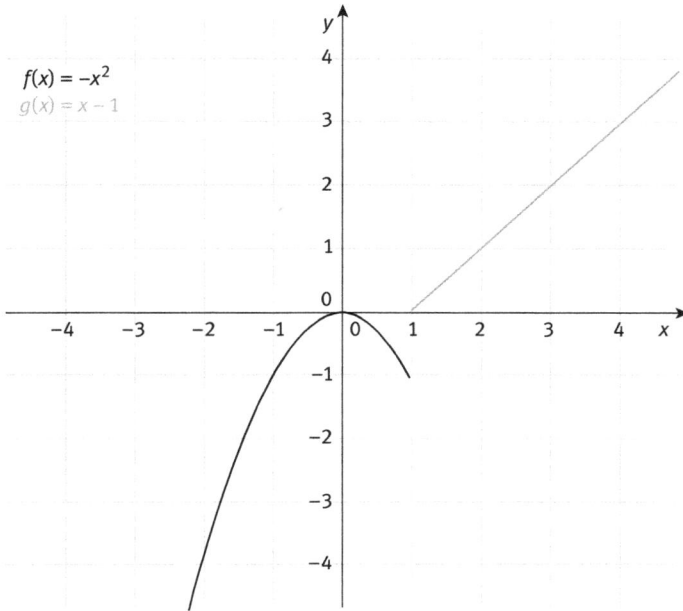

Abb. 8. Funktionsgraph mit Sprungstelle

3. Hinweise zur Lösung

Definition der Stetigkeit an Stellen anwenden.

4. Literaturempfehlung

Tietze, Jürgen (2013): Einführung in die angewandte Wirtschaftsmathematik. Das praxisnahe Lehrbuch – inklusive Brückenkurs für Einsteiger, 17. Auflage, Wiesbaden 2013, Kapitel 4.4.

Aufgabe 13: Angebot- und Nachfrage sowie das Marktgleichgewicht

Anwenden
Bearbeitungszeit: 15 Minuten

1. Aufgabenstellung

Betrachten wir die Angebotsfunktion

$$p_A(x) = \begin{cases} 5\,€ & \text{für } 0 < x \leq 100 \\ 10\,€ & \text{für } 100 < x \leq 200 \\ 15\,€ & \text{für } x > 200 \end{cases}$$

und die Nachfragefunktion

$$p_N(x) = \begin{cases} 17{,}50\,€ & \text{für } 0 < x \le 100 \\ 12{,}50\,€ & \text{für } 100 < x \le 200 \\ 7{,}50\,€ & \text{für } x > 200 \end{cases}$$

a) Geben Sie Definitions- und Wertebereich der Funktion an!
b) Welche mathematischen Eigenschaften liegen hier vor? Weisen Sie diese nach.
c) Formulieren Sie die jeweiligen Eigenschaften ökonomisch.
d) Ermitteln Sie das Marktgleichwicht, falls dies möglich ist. Ist ihre Antwort negativ, erläutern Sie, was gegeben sein müsste.

2. Lösung

a) $D_{ök}^A = \mathbb{R}_0^+$, $W_{ök}^A = \{5; 10; 15\}$;
$D_{ök}^N = \mathbb{R}_0^+$, $W_{ök}^N = \{17{,}50; 12{,}50; 7{,}50\}$

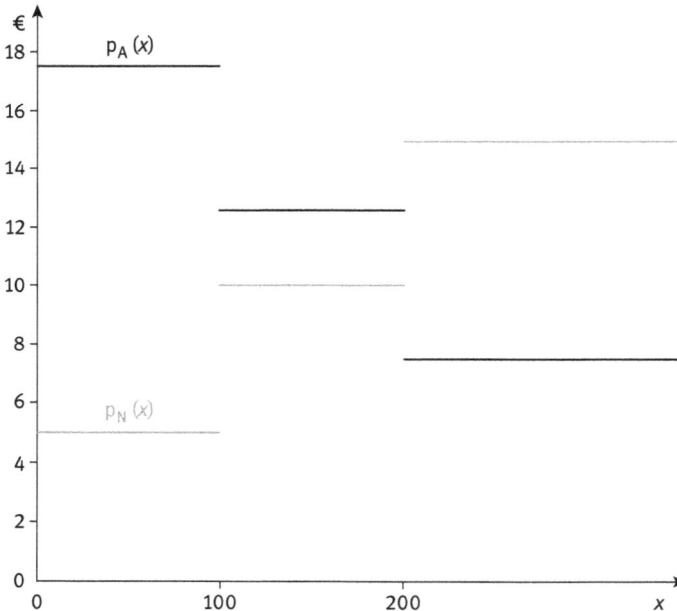

Abb. 9. Funktionsgraphen der Angebots- und Nachfragefunktion

b) Monotonie: Die Funktionen sind nicht stetig. Beide Funktionen haben Unstetigkeitsstellen an $x_0 = 100$ und $x_0 = 200$.

$$\lim_{x \uparrow 100} p_A(x) = 5 \,, \qquad \text{aber} \qquad \lim_{x \downarrow 100} p_A(x) = 10 \quad \text{und}$$

$$\lim_{x \uparrow 200} p_A(x) = 10 \,, \qquad \text{aber} \qquad \lim_{x \downarrow 200} p_A(x) = 15$$

$$\lim_{x\uparrow 100} p_N(x) = 17{,}50 , \qquad \text{aber} \qquad \lim_{x\downarrow 100} p_N(x) = 12{,}50 \quad \text{und}$$

$$\lim_{x\uparrow 200} p_N(x) = 12{,}50 , \qquad \text{aber} \qquad \lim_{x\downarrow 200} p_N(x) = 7{,}50 .$$

c) Monotonie: Bei steigenden Preisen wird ein Produzent die Angebotsmenge erhöhen, vermutlich genau eine Mengeneinheit über 200.
    Stetigkeit: Beliebig kleine Mengenänderungen führen zu einer kleinen Preisveränderung.

d) Das Marktgleichgewicht kann durch eine Schnittpunktberechnung nicht durchgeführt werden, weil die Funktionen nicht stetig sind. Somit muss es keinen Schnittpunkt geben. Die Voraussetzung für ein (nicht notwendigerweise) eindeutiges Marktgleichgewicht ist die Stetigkeit von Angebots- und Nachfragefunktion.

3. Hinweise zur Lösung

Der Begriff „Marktgleichgewicht" soll im Detail an mathematische Bedingungen geknüpft werden.

4. Literaturempfehlung

Tietze, Jürgen (2013): Einführung in die angewandte Wirtschaftsmathematik. Das praxisnahe Lehrbuch – inklusive Brückenkurs für Einsteiger, 17. Auflage, Wiesbaden 2013, Kapitel 2.5.

Aufgabe 14: Angebot- und Nachfrage sowie das eindeutige Marktgleichgewicht

Anwenden
Bearbeitungszeit: 15 Minuten

1. Aufgabenstellung

Betrachten wir die Angebotsfunktion

$$p_A(x) = x^2$$

und die Nachfragefunktion

$$p_N(x) = -2x + 8$$

a) Geben Sie den ökonomischen Definitions- und ökonomischen Wertebereich der Funktion an!

b) Welche mathematische Eigenschaft liegt hier vor? Begründen Sie diese.

c) Formulieren Sie die jeweiligen Eigenschaften ökonomisch.

d) Ermitteln Sie das Marktgleichwicht. Warum existiert ein Marktgleichgewicht? Welche Eigenschaften sind für ein eindeutiges Marktgleichgewicht erforderlich?

e) Berechnen Sie Konsumenten- und Produzentenrente.

2. Lösung

a) $D_{ök}^A = \mathbb{R}_0^+$, $W_{ök}^A = \mathbb{R}_{ü}^+$,
    $D_{ök}^N = \mathbb{R}_0^+$, $W_{ök}^N = [0; 8]$

b) Die Angebotsfunktion ist streng monoton steigend, die Nachfragefunktion ist streng monoton fallend. Beide Funktionen sind stetig.

c) Monotonie: Bei steigenden Preisen wird ein Produzent die Angebotsmenge erhöhen, vermutlich genau eine Mengeneinheit über 200.
    Stetigkeit: Beliebig kleine Mengenänderungen führen zu einer kleinen Preisveränderung.

d) Das Marktgleichgewicht ist der Schnittpunkt der Angebots- und der Nachfragefunktion. Also:

$$x^2 = -x + 5 \quad \Leftrightarrow \quad x^2 + 2x - 8 = 0 \quad \Leftrightarrow \quad x_1 = -4 \vee x_2 = 2$$

Hierbei kommt nur die positive Nullstelle in Frage, also $x_2 = 2$.

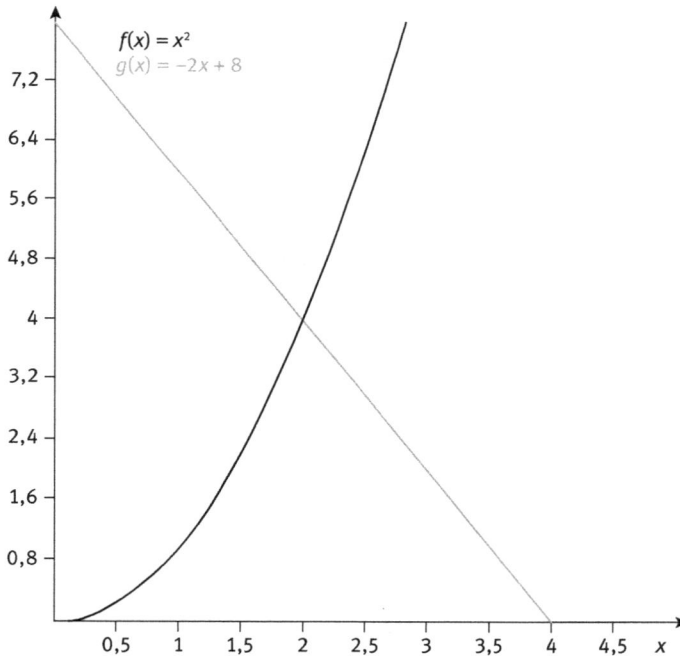

Abb. 10. Ermitteltes Marktgleichgewicht

e)   Produzenten- und Konsumentenrente

$$PR = 2 \cdot 4 - \int_0^2 x^2 \, dx = 8 - \left[\frac{1}{3}x^3\right]_0^2 = 8 - \frac{8}{3} = \frac{16}{3}$$

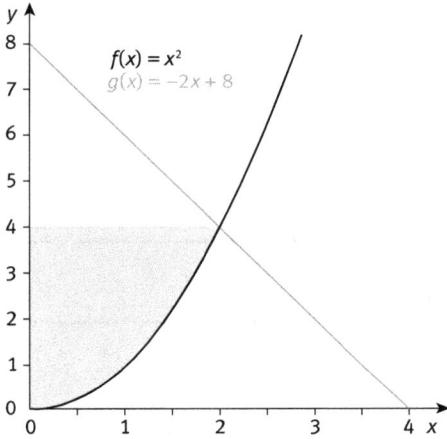

Abb. 11. Produzentenrente

$$KR = \int_0^2 (-2x + 8)\, dx - 2 \cdot 4 = \left[-x^2 + 8x\right]_0^2 - 8 = -4 + 16 - 8 = 4$$

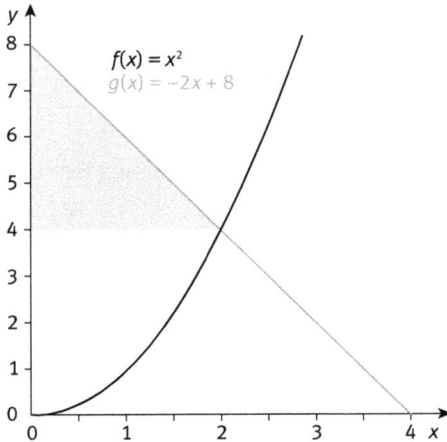

Abb. 12. Konsumentenrente

3. Hinweise zur Lösung

Beachten Sie, dass ein eindeutiges Marktgleichgewicht existiert bei stetiger streng monoton steigender Angebots- und stetiger streng monoton fallender Nachfragefunktion im ökonomischen Definitionsbereich.

4. Literaturempfehlung

Tietze, Jürgen (2013): Einführung in die angewandte Wirtschaftsmathematik. Das praxisnahe Lehrbuch – inklusive Brückenkurs für Einsteiger, 17. Auflage, Wiesbaden 2013, Kapitel 2.5 und 8.5.

Aufgabe 15: Extremwertbestimmung mehrerer Veränderlicher

Anwenden
Bearbeitungszeit: 25 Minuten

1. Aufgabenstellung

Die Brauerei Clever & Smart GbR plant für das nächste Jahr die Produktion der Sorten Pils und Hefeweizen. Die zu produzierenden Mengen werden dabei mit den Variablen x für Pils und y für Hefeweizen jeweils in 100 Hektoliter bezeichnet. Die zugehörige Gewinnfunktion des Betriebes wird annähernd durch

$$f(x, y) = -0,25x^4 - 2\left(x^3 + y^3\right) + 9xy^2 - 275.000$$

beschrieben. Helfen Sie dem Unternehmen und bestimmen Sie die den Gewinn maximierende Mengenkombinationen $(x, y) \in \mathbb{R}^+ \times \mathbb{R}^+$.
    Gehen Sie dabei wie folgt vor:
a) Bilden Sie die Ableitungen der 1. Ordnung der Funktion $f(x, y)$.
b) Bilden Sie die Ableitungen der 2. Ordnung der Funktion $f(x, y)$.
c) Ermitteln Sie mit dem notwendigen Kriterium die Stellen, an denen Extremwerte angenommen werden können.
d) Warum kann ein Punkt der Funktion $f(x, y)$ im Rahmen der Untersuchungen ausgeschlossen werden?
e) Untersuchen Sie für die Stellen x_1 und x_2 das hinreichende Kriterium für Extremwerte!
f) Mit welchem maximalen Gewinn kann das Unternehmen nach Ihrer Planung rechnen und welche Mengen sollen hierzu von x und y hergestellt werden?

2. Lösung

a) $\dfrac{\partial f}{\partial x}f(x, y) = -x^3 - 6x^2 + 9y^2$

  $\dfrac{\partial f}{\partial y}f(x, y) = -6y^2 + 18xy$

b) $\dfrac{\partial^2 f}{\partial x \partial x}f(x, y) = -3x^2 + 12x$

  $\dfrac{\partial^2 f}{\partial y \partial y}f(x, y) = -12y + 18x$

  $\dfrac{\partial^2 f}{\partial x \partial y}f(x, y) = \dfrac{\partial^2 f}{\partial x \partial x}f(x, y) = 18y$

c) Beginnen wir die partielle Ableitung 1. Ordnung nach x:

$$-x^3 - 6x^2 + 9y^2 = 0 \quad \Leftrightarrow \quad -x^2(x + 6) + 9y^2 = 0$$
$$\Leftrightarrow \quad x = y = 0 \vee x = -6, \quad y = 0$$

Also haben wir die beiden Lösungen

$$x_1 = (0; 0), x_2 = (-6; 0)\,.$$

Mit der zweiten Bedingungen erhalten wir.

$$-6y^2 + 18xy = 0 \quad \Leftrightarrow \quad 18xy = 6y^2$$
$$\Leftrightarrow \quad y = 3x, \quad \text{falls } y \neq 0$$

Nun setzen wir y ein und erhalten:

$$-x^2(x + 6) + 9 \cdot (3x)^2 = 0 \quad \Leftrightarrow \quad -x^2(x + 6) = -81x^2$$
$$\Leftrightarrow \quad x + 6 = 81$$
$$\Leftrightarrow \quad x = 75$$

Also ist $x_3 = (75; 225)$.

d) Der x-Wert ist kleiner Null, d. h. es gäbe eine negative Produktionsmenge. Daher kann dieser Punkt ausgeschlossen werden.

e) Nachzuweisen ist, dass

$$\frac{\partial^2 f}{\partial x \partial x}f(0; 0) \cdot \frac{\partial^2 f}{\partial y \partial y}f(0; 0) > \left(\frac{\partial^2 f}{\partial x \partial y}f(0; 0) \right)^2$$

bzw.

$$\frac{\partial^2 f}{\partial x \partial x}f(75; 225) \cdot \frac{\partial^2 f}{\partial y \partial y}f(75; 225) > \left(\frac{\partial^2 f}{\partial x \partial y}f(75; 225) \right)^2$$

und dann ggf.

$$\frac{\partial^2 f}{\partial x \partial x} f(0;0) \quad \text{bzw.} \quad \frac{\partial^2 f}{\partial x \partial x} f(75;225).$$

Für x_3 gilt dies offensichtlich nicht.

Für x_1 gilt $(-17.775) \cdot (-1.350) > 4.050^2$

$$23.996.250 > 16.402.500 \,.$$

Damit ist dies erfüllt. Zur Bestimmung der Art des Extremums betrachten wir $\frac{\partial^2 f}{\partial x \partial x} f(75;225) = -17.775 < 0$. Also liegt ein in an x_2 ein Maximum vor.

f) Der Punkt $x_3 = (75;225)$ wird in die Gewinnfunktion f eingesetzt. Man erhält

$$f(75;225) = 2.361.718,75 \text{ GE} \,,$$

Also liegt ein Maximum vor, wenn 7.500 Hektoliter Pils und 22.500 Hektoliter Hefeweizen hergestellt werden.

3. Hinweise zur Lösung

Bei den Bedingungen für die Extremwerte achten Sie sorgfältig auf die unterschiedlichen Lösungen.

4. Literaturempfehlung

Tietze, Jürgen (2013): Einführung in die angewandte Wirtschaftsmathematik. Das praxisnahe Lehrbuch – inklusive Brückenkurs für Einsteiger, 17. Auflage, Wiesbaden 2013, Kapitel 7.2.

Aufgabe 16: Produktionsfunktionen/Extremwertbestimmung

Transfer, Anwenden
Bearbeitungszeit: 12 Minuten

1. Aufgabenstellung

Ein Unternehmen stellt auf einer Maschine ein Produkt A her. Der Leistungsgrad der Maschine kann stufenlos zwischen $d = 4$ [Stück/Stunde] und $d = 12$ [Stück/Stunde] variiert werden. Dabei hängen die variablen Stückkosten des Produktes A wie folgt von dem Leistungsgrad der Maschine ab:

$$k_v(d) = 2d^2 - 28d + 200$$

a) Bestimmen Sie die minimalen und die maximalen variablen Stückkosten.

b) Wie hoch sind die minimalen variablen Stückkosten, wenn zur Erfüllung eines dringenden Auftrages mindestens 10 Stück pro Stunde hergestellt werden müssen?

c) Bestimmen Sie die Elastizität der variablen Stückkosten bezüglich des Leistungs-grades für einen Leistungsgrad von $d = 10$ [Stück/Stunde] und interpretieren Sie das Ergebnis kurz.

d) Wie hoch ist der maximal mögliche Leistungsgrad, wenn die variablen Stückkos-ten 110 € nicht übersteigen sollen?

2. Lösung

a) Bestimmung der stationären Punkte:

$$k_v(d) = 2d^2 - 28d + 200$$

$$\Rightarrow k_v'(d) = 4d - 28 \stackrel{!}{=} 0 \qquad \Rightarrow d = 7$$

$$\Rightarrow k_v''(d) = 4 > 0 \qquad \Rightarrow \text{konvexe Funktion globales Minimum!}$$

$$\Rightarrow k_{v,\min} = k_v(7) = 2 \cdot 7^2 - 28 \cdot 7 + 200 = 102$$

Überprüfung der Ränder:

$$k_v(4) = 120 \quad \Rightarrow \text{lokales Maximum}$$
$$k_v(12) = 152 \quad \Rightarrow \text{lokales und globales Maximum}$$

Die minimalen variablen Stückkosten betragen 102, die maximalen variablen Stückkosten 152.

b) Da $k_v(d)$ konvex ist, steigen die variablen Stückkosten rechts vom Minimum an!

$$\Rightarrow k_{v,\min} = k_v(10) = 2 \cdot 10^2 - 28 \cdot 10 + 200 = 120$$

c) Bestimmung der Elastizität:

$$k_v'(d) = 4d - 28$$

$$\Rightarrow \quad \text{El}_d k_v(d) = k_v'(d) \cdot \frac{d}{k_v(d)} = (4d - 28) \cdot \frac{d}{2d^2 - 28d + 200}$$

$$= \frac{4d^2 - 28d}{2d^2 - 28d + 200}$$

$$\Rightarrow \text{El}_d k_v(d = 10) = \frac{4 \cdot 10^2 - 28 \cdot 10}{2 \cdot 10^2 - 28 \cdot 10 + 200} = \frac{120}{120} = 1$$

Interpretation: Wenn die Intensität d um 1 % erhöht wird, steigen die variablen Stückkosten annähernd um 1 %.

d) $k_v(d) = 2d^2 - 28d + 200 = 110 \quad \Leftrightarrow \quad 2d^2 - 28d + 90 = 0$

$$\Leftrightarrow \quad d^2 - 14d + 45 = 0$$

p-q-Formel:

$$d = -\left(\frac{-14}{2}\right) \pm \sqrt{\left(\frac{-14}{2}\right)^2 - 45} = 7 \pm \sqrt{4} = 7 \pm 2 \quad \Rightarrow \quad d = 9$$

Da nach der maximal möglichen Intensität gefragt war, ist die Lösung $d = 7 - 2 = 5$ nicht relevant.

3. Hinweise zur Lösung

Da die Funktion der variablen Stückkosten konvex ist, was sich aus der positiven zweiten Ableitung ergibt, ist auch in Aufgabenteil d) klar, dass die variablen Stückkosten rechts von $d = 9$ über den Wert von 110 hinaus weiter ansteigen und somit $d = 9$ die gesuchte maximal mögliche Intensität ist.

4. Literaturempfehlung

Bloech, Jürgen et al. (2014): Einführung in die Produktion, 7. Auflage, Berlin und Heidelberg 2014, Kapitel 2.4 (für Hintergründe zur Produktions- bzw. Kostenfunktion).
Sydsaeter, Knut; Peter Hammond und Arne Strøm (2013): Mathematik für Wirtschaftswissenschaftler. Basiswissen mit Praxisbezug, 4. Auflage, München 2013, Kapitel 7.7 und 8 (für die mathematischen Grundlagen).

Aufgabe 17: Extremwertbestimmung

Transfer, Anwenden
Bearbeitungszeit: 12 Minuten

1. Aufgabenstellung

Zwei Unternehmen A und B produzieren verschiedene Marken eines bestimmten Gutes in den Mengen x und y und verkaufen diese zu den Preisen p und q. Die Absatzmengen x und y der beiden Marken in Abhängigkeit von den beiden Preisen p und q sind gegeben durch:

$$x = 58 - 10p + 8q \quad y = 32 + 8p - 12q$$

In Unternehmen A fallen für die Herstellung von x Einheiten Gesamtkosten von $10 + x$ an, während Unternehmen B Gesamtkosten von $5 + 2y$ für die Herstellung von y Einheiten hat.

Da die beiden Unternehmen zu demselben Mutterkonzern gehören, soll der Gesamtgewinn (der gemeinsame Gewinn beider Unternehmen) maximiert werden.

a) Stellen Sie die Gesamtgewinnfunktion in Abhängigkeit von den Preisen p und q auf.

b) Maximieren Sie die Gesamtgewinnfunktion und ermitteln Sie dabei die Preise, die Mengen, die Gewinne der beiden Unternehmen sowie den Gesamtgewinn im Gesamtgewinnmaximum.

Hinweis: Falls es Ihnen nicht gelingt, die Gesamtgewinnfunktion in Aufgabenteil a) aufzustellen, verwenden Sie in Aufgabenteil b) die folgende Gesamtgewinnfunktion:

$$G(p, q) = -15p^2 + 78p + 24pq + 72q - 18q^2 - 350$$

Geben Sie dann nur die beiden Preise sowie den Gesamtgewinn im Gesamtgewinnmaximum an (und nicht die Mengen und die Gewinne der beiden Unternehmen).

2. Lösung

a) Aufstellen der Gesamtgewinnfunktion:

$$U_A(p, q) = p \cdot x(p, q) = p \cdot (58 - 10p + 8q) = -10p^2 + 58p + 8pq$$
$$K_A(p, q) = 10 + x(p, q) = 10 + 58 - 10p + 8q = -10p + 8q + 68$$
$$\Rightarrow \quad G_A(p, q) = U_A(p, q) - K_A(p, q) = -10p^2 + 68p - 8q + 8pq - 68$$

$$U_B(p, q) = q \cdot y(p, q) = q \cdot (32 + 8p - 12q) = 8pq + 32q - 12q^2$$
$$K_B(p, q) = 5 + 2 \cdot y(p, q) = 5 + 2 \cdot (32 + 8p - 12q)$$
$$= 5 + 64 + 16p - 24q = 16p - 24q + 69$$
$$\Rightarrow \quad G_B(p, q) = U_B(p, q) - K_B(p, q) = -16p + 8pq + 56q - 12q^2 - 69$$

$$\Rightarrow \quad G(p, q) = G_A(p, q) + G_B(p, q) = -10p^2 + 52p + 16pq + 48q - 12q^2 - 137$$

b) Maximierung der Gesamtgewinnfunktion:

$$\frac{\partial}{\partial p} G(p, q) = -20p + 52 + 16q = 0$$
$$\frac{\partial}{\partial q} G(p, q) = 16p + 48 - 24q = 0$$

$$\text{(I):} \quad -20p + 16q = -52 \quad | \quad \cdot 3$$
$$\text{(II):} \quad 16p - 24q = -48 \quad | \quad \cdot 2$$

$$\text{(Ia):} \quad -60p + 48q = -156$$
$$\text{(IIa):} \quad 32p - 48q = -96$$

$$\text{(Ia)} + \text{(IIa):} \quad -28p = -252 \quad \Rightarrow \quad p = 9$$

$$p = 9 \quad \text{in} \quad \text{(II):} \quad 16 \cdot 9 - 24q = -48 \quad \Leftrightarrow \quad -24q = -192 \quad \Rightarrow q = 8a$$

Berechnung der Mengen, der Teilgewinne und des Gesamtgewinns im Gesamtgewinnmaximum:

$$x(9,8) = 58 - 10 \cdot 9 + 8 \cdot 8 = 32 \qquad y(9,8) = 32 + 8 \cdot 9 - 12 \cdot 8 = 8$$

$$G_A(9,8) = -10 \cdot 9^2 + 68 \cdot 9 - 8 \cdot 8 + 8 \cdot 9 \cdot 8 - 68 = 246$$

$$G_B(9,8) = -16 \cdot 9 + 8 \cdot 9 \cdot 8 + 56 \cdot 8 - 12 \cdot 8^2 - 69 = 43$$

$$G(9,8) = -10 \cdot 9^2 + 52 \cdot 9 + 16 \cdot 9 \cdot 8 + 48 \cdot 8 - 12 \cdot 8^2 - 137 = 289$$

$$(\text{bzw.} \quad G(9,8) = 246 + 43 = 289)$$

Maximierung der alternativen Gesamtgewinnfunktion

$$\frac{\partial}{\partial p} G(p, q) = -30p + 78 + 24q = 0$$
$$\frac{\partial}{\partial q} G(p, q) = 24p + 72 - 36q = 0$$

$$(\text{I}): \quad -30p + 24q = -78 \quad | \quad \cdot 3$$
$$(\text{II}): \quad 24p - 36q = -72 \quad | \quad \cdot 2$$

$$(\text{Ia}): \quad -90p + 72q = -234$$
$$(\text{IIa}): \quad 48p - 72q = -144$$

$$(\text{Ia}) + (\text{IIa}): \quad -42p = -378 \quad \Rightarrow \quad p = 9$$

$$p = 9 \quad \text{in} \quad (\text{II}): \quad 24 \cdot 9 - 36q = -72 \quad \Leftrightarrow \quad -36q = -288 \quad \Rightarrow q = 8$$

$$\Rightarrow G(9,8) = -15 \cdot 9^2 + 78 \cdot 9 + 24 \cdot 9 \cdot 8 + 72 \cdot 8 - 18 \cdot 8^2 - 350 = 289$$

3. Hinweise zur Lösung

Streng genommen müsste über die 2. partiellen Ableitungen noch überprüft werden, ob es sich bei der gefundenen Lösung tatsächlich um ein Maximum handelt. Auf die Prüfung der hinreichenden Bedingung für ein Maximum wird hier jedoch verzichtet.

4. Literaturempfehlung

Sydsaeter, Knut; Peter Hammond und Arne Strøm (2013): Mathematik für Wirtschaftswissenschaftler. Basiswissen mit Praxisbezug, 4. Auflage, München 2013, Kapitel 13 (für die mathematischen Grundlagen).

Aufgabe 18: Extremwertbestimmung und Lagrange-Methode

Anwenden
Bearbeitungszeit: 25 Minuten

1. Aufgabenstellung

Eine Person hat die Nutzenfunktion:

$$u(x, y) = 100xy + x + 2y \,.$$

Nehmen Sie an, dass der Preis pro Einheit des ersten Gutes gleich 2 € und der Preis des zweiten Gutes gleich 4 € ist.

Die Person erhält 1.000 €, die vollständig für die zwei Güter auszugeben sind. Lösen Sie das Nutzenmaximierungsproblem.

2. Lösung

Wir bezeichnen die Mengen des 1. Gutes mit x, die des 2. Gutes mit y. Damit können wir die Nebenbedingung ausdrücken:

$$g(x, y) = 2x + 4y - 1.000 = 0 \,.$$

Nun bilden wir die Lagrange-Funktion:

$$L(x, y, \lambda) = 100xy + x + 2y - \lambda \cdot (2x + 4y - 1.000) \,.$$

Dazu berechnen wir die partiellen Ableitungen 1. Ordnung:

$$\frac{\partial}{\partial x} L(x, y, \lambda) = 100y + 1 - 2\lambda$$

$$\frac{\partial}{\partial y} L(x, y, \lambda) = 100x + 2 - 4\lambda$$

$$\frac{\partial}{\partial \lambda} L(x, y, \lambda) = -2x - 4y + 1.000$$

Der Gradient der Lagrange-Funktion muss den Nullvektor ergeben. Also haben wir das Gleichungssystem:

$$\begin{array}{rl} \text{I} & 100y + 1 - 2\lambda = 0 \\ \text{II} & 100x + 2 - 4\lambda = 0 \\ \text{III} & -2x - 4y + 1.000 = 0 \end{array}$$

$2 \cdot \text{I} - \text{II}$ ergibt:

$$200y - 100x = 0 \quad \Leftrightarrow \quad 200y = 100x \quad \Leftrightarrow \quad x = 2y$$

Eingesetzt in III ergibt:

$$8y = 1.000 \quad \Leftrightarrow \quad y = 125 \,,$$

also ist $x = 250$.

Aus I ermitteln wir $\lambda = 6.250,5$.

Nun berechnen wir sämtliche Ableitungen 2. Ordnung, um über die Determinante der geränderten Hesse-Matrix festzustellen, ob und welche Art von Extremum angenommen wird.

$$\frac{\partial^2}{\partial x \partial x} L(x, y, \lambda) = 0 \qquad \frac{\partial^2}{\partial x \partial y} L(x, y, \lambda) = 100$$

$$\frac{\partial^2}{\partial y \partial y} L(x, y, \lambda) = 0 \qquad \frac{\partial^2}{\partial x \partial \lambda} L(x, y, \lambda) = -2$$

$$\frac{\partial^2}{\partial \lambda \partial \lambda} L(x, y, \lambda) = 0 \qquad \frac{\partial^2}{\partial y \partial \lambda} L(x, y, \lambda) = -4$$

Berechnung der Determinante der geränderten Hesse-Matrix:

$$\det \tilde{H}_L(x_0, y_0, \lambda) = \det \begin{pmatrix} 0 & -2 & -4 \\ -2 & 0 & 100 \\ -4 & 100 & 0 \end{pmatrix} = 1.600$$

Also liegt ein Maximum vor.

Das Nutzenmaximum wird für 250 Einheiten des 1. Gutes und 125 Einheiten des 2. Gutes erreicht.

3. Hinweise zur Lösung

Die geränderte Hesse-Matrix wird hier benötigt, die nur selten aufgegriffen wird. Denn Ökonomen gehen oft davon aus, dass die Art des Extremums aufgrund der (ökonomischen) Aufgabenstellung stets klar ist bzw. die Funktionen „schön" genug sind.

4. Literaturempfehlung

Galata, Robert; Markus Wessler und Helge Röpke (2012): Wirtschaftsmathematik. Methoden – Beispiele – Anwendungen, 17. Auflage, München 2012, Kapitel 6.3.

Aufgabe 19: Lagrange-Ansatz

Transfer, Anwenden
Bearbeitungszeit: 11 Minuten

1. Aufgabenstellung

Zwei WG-Bewohner planen einen gemütlichen Video-Abend mit Chips und Bier. Ihnen stehen genau 15 € zur Verfügung, die komplett für Bierflaschen und Chips-Tüten in den Mengen x (Bierflaschen) und y (Chips-Tüten) ausgegeben werden sollen. Eine Bier-Flasche kostet 1 €; der Preis für eine Chips-Tüte beträgt 1,5 €. Der gemeinsame

Nutzen der WG-Bewohner hängt von den Mengen x und y wie folgt ab:

$$U = \frac{1}{9}x^3y^2$$

a) Stellen Sie die Gleichung der Nebenbedingung, die sogenannte Budgetrestriktion, auf.
b) Bestimmen Sie unter der Nebenbedingung aus Aufgabenteil a) die Mengen an Bierflaschen und Chips-Tüten, die den Nutzen der WG-Bewohner maximieren, und berechnen Sie den maximalen Nutzen.
c) Berechnen Sie den Wert von λ im Nutzenmaximum und interpretieren Sie diesen Wert.

Hinweis: Falls es Ihnen nicht gelingt, Aufgabenteil a) zu lösen, verwenden Sie als Nebenbedingung für Aufgabenteil b) die Gleichung:

$$4x + 6y = 60$$

2. Lösung

a) Aufstellen der Nebenbedingung:

$$x + \frac{3}{2}y = 15$$

b) Maximierung der Lagrange-Funktion:

$$L(x, y, \lambda) = \frac{1}{9}x^3y^2 - \lambda\left(x + \frac{3}{2}y - 15\right) \rightarrow \text{max!}$$

$$\frac{\partial}{\partial x}L(x, y, \lambda) = \frac{1}{3}x^2y^2 - \lambda = 0 \qquad \Rightarrow \qquad \lambda = \frac{1}{3}x^2y^2 \quad \text{(I)}$$

$$\frac{\partial}{\partial y}L(x, y, \lambda) = \frac{2}{9}x^3y - \frac{3}{2}\lambda = 0 \qquad \Rightarrow \qquad \lambda = \frac{4}{27}x^3y \quad \text{(II)}$$

$$\frac{\partial}{\partial \lambda}L(x, y, \lambda) = -\left(x + \frac{3}{2}y - 15\right) = 0 \quad \Leftrightarrow \quad x + \frac{3}{2}y = 15 \qquad \text{(III)}$$

$$\text{(I)} = \text{(II):} \quad \frac{1}{3}x^2y^2 = \frac{4}{27}x^3y \qquad \Rightarrow \qquad y = \frac{4}{9}x$$

$$y = \frac{4}{9}x \text{ in (III):} \quad x + \frac{3}{2} \cdot \frac{4}{9}x = 15 \qquad \Rightarrow \qquad x = 9$$

$$\Rightarrow \quad y = 4 \quad U(9, 4) = 1296$$

Maximierung der Lagrange-Funktion mit der alternativen Nebenbedingung:

$$L(x, y, \lambda) = \frac{1}{9}x^3y^2 - \lambda(4x + 6y - 60) \rightarrow \text{max!}$$

$$\frac{\partial}{\partial x}L(x, y, \lambda) = \frac{1}{3}x^2y^2 - 4\lambda = 0 \qquad \Rightarrow \qquad \lambda = \frac{1}{12}x^2y^2 \quad \text{(I)}$$

$$\frac{\partial}{\partial y}L(x, y, \lambda) = \frac{2}{9}x^3y - 6\lambda = 0 \qquad \Rightarrow \qquad \lambda = \frac{1}{27}x^3y \quad \text{(II)}$$

$$\frac{\partial}{\partial \lambda}L(x, y, \lambda) = -(4x + 6y - 60) = 0 \quad \Leftrightarrow \quad 4x + 6y = 60 \quad \text{(III)}$$

$$\text{(I)} = \text{(II)}: \quad \frac{1}{12}x^2y^2 = \frac{1}{27}x^3y \qquad \Rightarrow \qquad y = \frac{4}{9}x$$

$$y = \frac{4}{9}x \text{ in (III)}: \quad 4x + 6 \cdot \frac{4}{9}x = 60 \qquad \Rightarrow \qquad x = 9$$

$$\Rightarrow \quad y = 4 \quad U(9, 4) = 1296$$

c) Berechnung und Interpretation von λ:

$$\text{aus (I):} \quad \lambda = \frac{1}{3} \cdot 9^2 \cdot 4^2 = 432$$

$$\text{bzw. aus (II):} \quad \lambda = \frac{4}{27} \cdot 9^3 \cdot 4 = 432$$

Wenn den beiden WG-Bewohnern 1 € mehr zur Verfügung stünde (also 16 € statt 15 €), könnte der Nutzen um 432 Einheiten gesteigert werden.

Berechnung und Interpretation von λ mit der alternativen Nebenbedingung:

$$\text{aus (I):} \quad \lambda = \frac{1}{12} \cdot 9^2 \cdot 4^2 = 108$$

$$\text{bzw. aus (II):} \quad \lambda = \frac{1}{27} \cdot 9^3 \cdot 4 = 108$$

Wenn die Nebenbedingung um 1 Einheit gelockert würde (also 61 statt 60), könnte der Nutzen um 108 Einheiten gesteigert werden.

3. Hinweise zur Lösung

Die alternative Nebenbedingung führt zur gleichen Lösung, weil sie ein Vielfaches (genau das Vierfache) der ursprünglichen Nebenbedingung ist. Ein Unterschied ergibt sich dann nur bei der Berechnung des „Schattenpreises" λ: da die alternative Nebenbedingung das Vierfache der ursprünglichen Nebenbedingung ist, beträgt der Schattenpreis der alternativen Nebenbedingung gerade $\frac{1}{4}$ der ursprünglichen Nebenbedingung.

4. Literaturempfehlung

Sydsaeter, Knut; Peter Hammond und Arne Strøm (2013): Mathematik für Wirtschaftswissenschaftler. Basiswissen mit Praxisbezug, 4. Auflage, München 2013, Kapitel 14.

Aufgabe 20: Lagrange-Ansatz

Anwenden
Bearbeitungszeit: 20 Minuten

1. Aufgabenstellung

Ihr Nutzen wird durch die Funktion $U(x_1, x_2) = x_1^{0,4} \cdot x_2^{0,6}$ beschrieben. Ihr monatliches Einkommen beträgt 1.000 €. Eine Einheit jedes Gutes x_1 kostet $p_1 = 25$ €, eine Einheit des Gutes x_2 kostet $p_2 = 30$. Bitte maximieren Sie Ihren Nutzen über die Wahl der Kombination der beiden Güter. Berücksichtigen Sie dabei, dass sie Maximal Ihr monatliches Einkommen verwenden dürfen, dies aber auch vollständig aufbrauchen. Bitte lösen Sie die Aufgabe mit dem Ansatz von Lagrange.

2. Lösung

$$x_1 = \frac{1.000}{85} \approx 11,8 ; \quad x_2 = 23,5$$

3. Hinweise zur Lösung

Mit $U(x_1, x_2) = x_1^{0,4} \cdot x_2^{0,6}$ ist die Zielfunktion gegeben. In einem ersten Schritt gilt es die Nebenbedingung zu formulieren. Diese ergibt sich aus dem gegebenen Budget von 1.000 € und der verschiedenen Möglichkeiten, dieses Budget für die Güter x_1 und x_2 ausgeben zu können. Es resultiert die allgemeine Nebenbedingung:

1.000 € $= x_1 p_1 + x_2 p_2$. Für unser Beispiel folgt: 1.000 € $= 25x_1 + 30x_2$.

Im nächsten Schritt setzen wir die Nebenbedingung „null", multiplizieren diese dann mit einer zusätzlichen Variablen (hier λ) und addieren diese dann zur Zielfunktion. Es folgt:

$$Z(x_1, x_2, \lambda) = x_1^{0,4} \cdot x_2^{0,6} - \lambda (25x_1 + 30x_2 - 1.000)$$

Man findet einen Extremwert (hier ein Maximum) indem man die partiellen Ableitungen nach den drei Variablen bildet und „null" setzt.

1) $\dfrac{\partial}{\partial x_1} Z(x_1, x_2, \lambda) = 0,4x_1^{-0,6} x_2^{0,6} + 25\lambda = 0$

2) $\dfrac{\partial}{\partial x_2} Z(x_1, x_2, \lambda) = 0,6x_2^{-0,4} x_1^{0,4} + 30\lambda = 0$

3) $\dfrac{\partial}{\partial \lambda} Z(x_1, x_2, \lambda) = -(25x_1 + 30x_2 - 1.000) = 0$

Anschließend ermittelt man das nutzenmaximierende Verhältnis der beiden Güter indem man 1) und 2) nach λ auflöst und anschließend gleichsetzt. Es folgt:

$$x_2 = 2x_1$$

Die so gefundene nutzenmaximierende Gütermenge wird nun herangezogen, um die optimalen Mengen zu errechnen. Dazu substituiert man in der Budgetbeschränkung ein x_n (hier x_2 durch x_1). Es folgt:

$$1.000 = 25x_1 + 30(2x_1)$$
$$x_1 = \frac{1.000}{85} \approx 11.8$$
$$x_2 \approx 23,5$$

Diesen Wert noch einmal in die Budgetgleichung eingesetzt führt zum nutzenmaximierenden Wert für x_1.

$$x_2 \approx 23,5$$

4. Literaturempfehlung

Brunner, Sibylle und Karl Kehrle (2014): Volkswirtschaftslehre, 3. Auflage, München 2014, Teil II, Kapitel 5.

Aufgabe 21: Lagrange-Ansatz

Anwenden, Wissen
Bearbeitungszeit: 15 Minuten

1. Aufgabenstellung

Maximieren Sie $f(x, y) = \frac{x^2}{y}$ unter Berücksichtigung der Nebenbedingung

$$g(x, y) = x + y = 10$$

mit Hilfe des Lagrange-Ansatzes.

2. Lösung

$$L(x, y, \lambda) = \frac{x^2}{y} - \lambda(x + y - 10)$$

(I) $\quad \dfrac{\partial}{\partial x}L(x, y, \lambda) = \dfrac{2x}{y} - \lambda = 0$ $\qquad$ (II) $\quad \dfrac{\partial}{\partial y}L(x, y, \lambda) = -\dfrac{x^2}{y^2} - \lambda = 0$

(III) $\quad \dfrac{\partial}{\partial \lambda}L(x, y, \lambda) = -x - y + 10 = 0$

(I) $\qquad \lambda = -\dfrac{2x}{y}$ $\qquad$ (II) $\quad \lambda = \dfrac{x^2}{y^2}$

(I = II): $\qquad -\dfrac{2x}{y} = \dfrac{x^2}{y^2} \leftrightarrow \dfrac{1}{2}x = -y$

mit $x = 10 - y$ aus Gleichung (III) ergibt sich:

$$\tfrac{1}{2}(10 - y) = -y \rightarrow y = -10 \quad x = 20$$

3. Hinweise zur Lösung

Zunächst wird die Lagrangefunktion aufgestellt und nach den Variablen x und y differenziert. Nachdem die beiden Gleichungen (I) und (II) nach λ aufgelöst worden sind, lässt sich durch ein anschließendes Gleichsetzen beider Gleichungen dieser Parameter eliminieren. Schließlich ergeben sich die Lösungen für den Maximierungsansatz unter Heranziehung der dritten Gleichung.

4. Literaturempfehlung

Sydsaeter, Knut; Peter Hammond und Arne Strøm (2013): Mathematik für Wirtschaftswissenschaftler. Basiswissen mit Praxisbezug, 4. Auflage, München 2013, S. 572 ff.

3.3 Finanzmathematik

Aufgabe 1: Rentenrechnung

Wissen, Transfer
Bearbeitungszeit: 10 Minuten

1. Aufgabenstellung

Die Firma A möchte zum Zeitpunkt $t = 0$ von der Firma B ein Aktienpaket erwerben. Der Wert des Aktienpaketes wird von einem Sachverständigen mit 850.000 € zum Zeitpunkt $t = 0$ angegeben. Firma A bietet darauf der Firma B an das Aktienpaket zu folgenden Konditionen zu erwerben:

7 jährlich vorschüssige Raten zu je 75.000 € beginnend zu $t = 0$, sowie danach 8 Raten zu je 85.000 €/Jahr, beginnend zu $t = 10$.

Bewerten Sie das Angebot der Firma A, wenn ein Kalkulationszins von 9 % zu Grunde gelegt wird.

2. Lösung

Der Barwert der ersten Zahlungsreihe lautet: $K_0^1 = 377.471{,}46$ €, der der zweiten Zahlungsreihe $K_{10}^2 = 470.459{,}62$ €. Damit versucht Firma A das Aktienpaket zu einem Preis von 576.198,69 € zu erwerben. Da die Firma B laut Sachverständigen aber wesentlich mehr wert ist, ist es kein gutes Angebot.

3. Hinweise zur Lösung

Hier bietet sich ein Barwertvergleich an, da der Vergleichsbetrag zum Zeitpunkt $t = 0$ schon bekannt ist. Dabei gilt:

$$K_0 = E \cdot \frac{(i + 1)^n - 1}{i\,(i + 1)^{n-1}}$$

für vorschüssige Zahlungen. Zu beachten ist, dass der Barwert der zweiten Zahlungs-reihe zunächst für den Zeitpunkt $t = 10$ berechnet werden muss und dann in einem weiteren Schritt auf den Zeitpunkt $t = 0$ abgezinst werden muss.

4. Literaturempfehlung

Tietze, Jürgen (2011): Einführung in die Finanzmathematik. Klassische Verfahren und neuere Ent-wicklungen: Effektivzins- und Renditeberechnung, Investitionsrechnung, Derivate Finanzinstru-mente, 11. Auflage, Wiesbaden 2011, Kapitel 4.2.5.

Aufgabe 2: Rentenrechnung – unterjährig

Wissen, Transfer
Bearbeitungszeit: 20 Minuten

1. Aufgabenstellung

Ein Bausparer schließt einen Bausparvertrag über 150.000 € ab. Die Vertragslaufzeit besteht aus 2 Phasen:

Ansparphase: in diese Phase zahlt der Sparer so lange auf den Vertrag ein, bis sich 35 % der Vertragssumme auf dem Sparkonto befinden. Dann erfolgt die Auszahlung des Gesamtbetrages („Zuteilung“).

Darlehensphase: nach der Zuteilung muss der Bausparer den Darlehensanteil zu-rückzahlen.

Für beide Phasen wird eine stetige Verzinsung angenommen.

a) In der Ansparphase zahlt der Bausparer sofort 20.000 € ein und dann monat-lich nachschüssig einen festen Betrag (=Ansparrate). Wie hoch ist die Ansparrate, wenn die Zuteilung nach 5 Jahren erfolgen soll und die Bank 1 % p. a. Guthaben-zinsen gewährt?

b) In der Darlehensphase zahlt der Bausparer nachschüssig eine Annuität von 800 € monatlich. Wie lange muss er diese Annuitäten zahlen, wenn die Bausparkasse das Darlehen mit 3,5 % verzinst?

2. Lösung

a) Gesucht ist die Sparrate $E = 411,18\,€$.
b) Der Kredit läuft über einen Zeitraum von zwölfeinhalb Jahren ($n = 12,517$).

3. Hinweise zur Lösung

Zu a): In der Ansparphase muss innerhalb vom vereinbarten Zeitraum ein festgelegter Betrag angespart werden. Hier sind es 35 % der Bausparsumme. Davon kann direkt der anfangs eingezahlte Betrag zuzüglich Zinsen abgezogen werden. Also muss mittels Raten nur noch ein Betrag von 31.479,80 € angespart werden.

Für stetige Verzinsung bei monatlichen Raten empfiehlt die Verwendung der folgenden Formel:

$$K_n = E \cdot \frac{(i+1)^n - 1}{\sqrt[12]{i+1} - 1},$$

wobei K_n das Endkapital, E die Einzahlung/Auszahlung und i den Zinssatz benennt.

Zu b): In der Auszahlungsphase muss beachtet werden, dass ein Teil des ausgezahlten Kapitals das eigene ist, also nicht zurückgezahlt werden muss. Für diesen Vertrag gilt dann eine Kreditsumme von $K_0 = 97.500\,€$, die zum Zeitpunkt $t = 0$ anfallen. Dieser Betrag muss noch zum Ende hin verzinst werden. Denn $K_n = K_0 \cdot (i+1)^n$. Setzt man diese Formel in die obere ein und löst die Gleichung nach n auf, so erhält man das gesuchte Ergebnis.

4. Literaturempfehlung

Tietze, Jürgen (2011): Einführung in die Finanzmathematik. Klassische Verfahren und neuere Entwicklungen: Effektivzins- und Renditeberechnung, Investitionsrechnung, Derivate Finanzinstrumente, 11. Auflage, Wiesbaden 2011, Kapitel 4.2.5.

Aufgabe 3: Implizite Terminzinssätze

Wissen
Bearbeitungszeit: 8 Minuten

1. Aufgabenstellung

Berechnen Sie die impliziten Terminzinssätze für den Fälligkeitszeitpunkt 5 Jahre.

Tab. 6. Angaben zur Berechnung der Terminzinssätze

LZ in Jahren	1	2	3	4	5
Kassazinsfuß	4 %	5 %	6 %	7 %	8 %

2. Lösung

$$r_{1,5} = \left(\frac{(1+0,08)^5}{(1+0,04)^1} \right)^{\frac{1}{4}} - 1 = 0,0902$$

$$r_{2,5} = \left(\frac{(1+0,08)^5}{(1+0,05)^2} \right)^{\frac{1}{3}} - 1 = 0,1005$$

$$r_{3,5} = \left(\frac{(1+0,08)^5}{(1+0,06)^3} \right)^{\frac{1}{2}} - 1 = 0,1107$$

3. Hinweise zur Lösung

Verwenden Sie die Formel

$$r_{t_1,t_2} = \left(\frac{(1+i_{t_0,t_2})^{\text{Years}(t_0,t_2)}}{(1+i_{t_0,t_1})^{\text{Years}(t_0,t_1)}} \right)^{\frac{1}{\text{Years}(t_1,t_2)}} - 1$$

mit

$$\text{Years}(t_1, t_2) = \frac{\#t}{\text{Jahreslänge in Tagen}} \, .$$

Der Begriff Fälligkeitszeitpunkt signalisiert den Zeitpunkt t_2.

4. Literaturempfehlung

Pfeifer, Andreas (2009): Praktische Finanzmathematik. Mit Futures, Optionen, Swaps und anderen Derivaten, 5. Auflage, Frankfurt am Main 2009, S. 105 ff., Kapitel 3.5.

Aufgabe 4: Berechnung Kassazinssätze

Wissen, Verstehen
Bearbeitungszeit: 8 Minuten

1. Aufgabenstellung

Bei der Übermittlung der Kassazinssätze wurde für die Laufzeit 2 Jahre kein Wert geliefert. Sie kennen den impliziten (exponentiellen) Terminzinssatz $r_{t_{2,4}} = 0,04$.

Tab. 7. Tabelle zur Ermittlung des Kassazinssatzes für die Laufzeit 2 Jahre

$t_{0,k}$	1	2	3	4	5
$i_{t_{0,k}}$	0,027		0,035	0,035	0,040

a) Ermitteln Sie mit diesen Informationen den fehlenden Kassazinssatz. (4 Nachkommastellen)

b) Berechnen Sie die linearen und exponentiellen Diskontfaktoren. (4 Nachkomma-stellen)

c) Berechnen Sie den Barwert und den Endwert (mit Terminzinssätzen) des folgen-den Zahlungsstroms. Verwenden Sie jeweils die exponentielle Verzinsung.

2. Lösung

a) Aus der Formel und dem gegebenen Terminzinssatz haben wir:

$$\left(\frac{(1,035)^4}{(1 + i_{t_{0,2}})} \right)^{\frac{1}{2}} - 1 = 0,04 \ .$$

Dies wird umgeformt:

$$\sqrt{\frac{1,1475}{(1 + i_{t_{0,2}})^2}} = 1,04 \qquad | \quad \text{quadrieren beider Seiten}$$

$$\frac{1,1475}{(1 + i_{t_{0,2}})^2} = 1,0816 \qquad \left| \quad \cdot \frac{(1 + i_{t_{0,2}})^2}{1,0816} \right.$$

$$1,0609 = (1 + i_{t_{0,2}})^2 \qquad | \quad \text{Wurzel ziehen}$$

$$1,0300 = 1 + i_{t_{0,2}}$$

$$i_{t_{0,2}} = 0,03$$

Also ist der gesuchte Kassazinssatz für die Laufzeit von 2 Jahren 0,03.

3. Hinweise zur Lösung

s. Aufgabe 3

4. Literaturempfehlung

Pfeifer, Andreas (2009): Praktische Finanzmathematik. Mit Futures, Optionen, Swaps und anderen Derivaten, 5. Auflage, Frankfurt am Main 2009, S. 105 ff., Kapitel 3.5.

Aufgabe 5: Kapitalwertmethode

Transfer, Anwenden
Bearbeitungszeit: 8 Minuten

1. Aufgabenstellung

Ein Unternehmer möchte in eine neue Maschine investieren, die eine Nutzungsdauer von 5 Jahren hat und für die eine Anschaffungsauszahlung von 110.000 € anfällt.
Mit der neuen Maschine erwartet der Unternehmer in den 5 Jahren die folgenden Einzahlungen (E_t) und Auszahlungen (A_t):

Tab. 8. Erwartete Ein- und Auszahlungen

t	1	2	3	4	5
E_t in €	44.000	56.000	58.000	52.000	45.000
A_t in €	14.000	21.000	23.000	22.000	20.000

Bestimmen Sie den Kapitalwert der Investition in die Maschine auf Basis eines Kalkulationszinssatzes von 5 %.

2. Lösung

Zunächst werden die Überschüsse in den einzelnen Jahren ermittelt:

Tab. 9. Ermittelte Einzahlungsüberschüsse

t	1	2	3	4	5
$UE_t = E_t - A_t$ in €	30.000	35.000	35.000	30.000	25.000

Der Kapitalwert ergibt sich dann wie folgt:

$$KW = -110.000 + \frac{30.000}{1,05^1} + \frac{35.000}{1,05^2} + \frac{35.000}{1,05^3} + \frac{30.000}{1,05^4} + \frac{25.000}{1,05^5} = 24.821$$

Der abgezinste heutige Wert der sich aus der Investition ergebenden Zahlungsflüsse ist mit 24.821 € positiv, so dass sich die Investition lohnt.

3. Hinweise zur Lösung

Die Kapitalwertmethode ist – neben anderen Methoden wie der Vermögensendwertmethode oder der Internen Zinssatz Methode – ein Verfahren der dynamischen Investitionsrechnung, das zum Beispiel zur Bewertung der absoluten Vorteilhaftigkeit einer Investition eingesetzt werden kann. Ein positiver Kapitalwert bedeutet, dass die Investition über ihre Laufzeit eine höhere durchschnittliche Verzinsung des gebundenen Kapitals bringt als der Kalkulationszinssatz.

Zur Bewertung der relativen Vorteilhaftigkeit im Vergleich zu anderen Investitionsmöglichkeiten kann die Kapitalwertmethode ebenfalls eingesetzt werden. Beim Vergleich verschiedener Investitionsobjekte mit Hilfe der Kapitalwertmethode muss jedoch auch berücksichtigt werden, ob die Höhe des investierten Kapitals identisch ist oder gegebenenfalls Ergänzungsinvestitionen erforderlich sind.

4. Literaturempfehlung

Götze, Uwe (2014): Investitionsrechnung. Modelle und Analysen zur Beurteilung von Investitionsvorhaben, 7. Auflage, Berlin 2014, Kapitel 3.3.2.

Sydsaeter, Knut; Peter Hammond und Arne Strøm (2013): Mathematik für Wirtschaftswissenschaftler. Basiswissen mit Praxisbezug, 4. Auflage, München 2013, Kapitel 10.5.

Aufgabe 6: Einsatz der Investitionsrechnung

Transfer, Anwenden
Bearbeitungszeit: 14 Minuten

1. Aufgabenstellung

Ein Anleger hat 5.000 € zur Verfügung, die er möglichst optimal für drei Jahre anlegen möchte. Seine Hausbank bietet ihm eine Festgeldanlage mit einem jährlichen Nominalzins von 5 % bei vierteljährlicher Zinszahlung.

a) Berechnen Sie den effektiven Jahreszins der Festgeldanlage.

b) Auf welchen Betrag steigt das angelegte Kapital nach drei Jahren an?

Als Alternative wird dem Anleger von einem Vermögensberater ein Investitionsprojekt mit der folgenden (nachschüssigen) Zahlungsreihe vorgeschlagen:

Tab. 10. Nachschüssige Zahlungsreihe der Investitionsalternative

t	0	1	2	3
Z_t	−6.000	−	−	7.500

c) Ermitteln Sie die Rendite des Investitionsobjektes, also die durchschnittliche jährliche Verzinsung des eingesetzten Kapitals.

Da der Anleger nur 5.000 € zur Verfügung hat, das Investitionsobjekt aber eine Anlage von 6.000 € erfordert, vermittelt der Vermögensberater dem Anleger einen sehr günstigen Kredit in Höhe von 1.000 € zu einem jährlichen Zinssatz von 5 %.

d) Berechnen Sie die Höhe der jährlichen Gesamtzahlung, wenn der Kredit mittels Annuitätentilgung innerhalb von 3 Jahren zurückgezahlt werden soll.

Hinweise: Es muss kein Tilgungsplan aufgestellt werden. Die Annuitäten-Formel ist gegeben durch:

$$a = \text{KW} \cdot \underbrace{\frac{r \cdot (1 + r)^t}{(1 + r)^t - 1}}_{\text{Annuitätenfaktor}}$$

e) Auf welchen Betrag steigt das Kapital des Anlegers nach drei Jahren an, wenn er den Kredit in Anspruch nimmt und gleichzeitig in das Investitionsobjekt investiert? Gehen Sie abweichend zu Aufgabenteil d) davon aus, dass der Kredit mit einer einmaligen Zahlung nach Ablauf von drei Jahren zurückgezahlt werden soll.

f) Welchen jährlichen Nominalzins hätte die Hausbank mindestens bieten müssen, damit die Festgeldanlage vorteilhafter gewesen wäre als die Kombination aus Kredit und Investitionsobjekt?
   Hinweis: Falls Sie diese Frage nicht beantworten können, bestimmen Sie den jährlichen Nominalzins der Festgeldanlage, bei dem das Kapital nach 3 Jahren auf 6.400 € angestiegen wäre!

2. Lösung

a) $R = \left(1 + \dfrac{0,05}{4}\right)^4 - 1 \approx 0,0509 \Rightarrow 5,09\,\%$

b) $K_3 = 5.000 \cdot \left(1 + \dfrac{0,05}{4}\right)^{4 \cdot 3} \approx 5.803,77$

c) $-6.000 + 7.500 \cdot (1 + r)^{-3} = 0 \Rightarrow r = \sqrt[3]{\dfrac{7.500}{6.000}} - 1 \approx 0,0772 \Rightarrow 7,72\,\%$

d) $a = 1.000 \cdot \dfrac{0,05 \cdot 1,05^3}{1,05^3 - 1} \approx 367,21$

e) $K_3 = 7.500 - 1.000 \cdot 1,05^3 \approx 6.342,38$

f) $5.000 \cdot \left(1 + \dfrac{r}{4}\right)^{12} = 6.342,38 \Rightarrow r = 4 \cdot \left[\sqrt[12]{\dfrac{6.342,38}{5.000}} - 1\right] \approx 0,0801 \Rightarrow 8,01\,\%$

   alternativ:

   $5.000 \cdot \left(1 + \dfrac{r}{4}\right)^{12} = 6.400 \Rightarrow r = 4 \cdot \left[\sqrt[12]{\dfrac{6.400}{5.000}} - 1\right] \approx 0,0831 \Rightarrow 8,31\,\%$

3. Hinweise zur Lösung

Die Aufgabe soll verdeutlichen, dass die Investitionsrechnung nicht nur in der betriebswirtschaftlichen Praxis, sondern häufig auch bei privaten Investitions- und Finanzierungsentscheidungen eingesetzt werden kann. Dabei lassen sich die meisten Fragestellungen ohne Formelkenntnis, sondern allein mit einem Grundverständnis der diskreten Zinsrechnung und einfachem Menschenverstand lösen.

Eine Ausnahme stellt vielleicht die Annuitätenformel dar, die in der Aufgabenstellung bereits gegeben ist. Dabei ist der Annuitätenfaktor übrigens der Kehrwert des Rentenbarwertfaktors, der sich wiederum aus der Formel der endlichen geometrischen Reihe ergibt.

4. Literaturempfehlung

Götze, Uwe (2014): Investitionsrechnung. Modelle und Analysen zur Beurteilung von Investitionsvorhaben, 7. Auflage, Berlin 2014, Kapitel 3.3.1 bis 3.3.4.

Sydsaeter, Knut; Peter Hammond und Arne Strøm (2013): Mathematik für Wirtschaftswissenschaftler. Basiswissen mit Praxisbezug, 4. Auflage, München 2013, Kapitel 10.

Aufgabe 7: Swapsatz

Anwenden
Bearbeitungszeit: 10 Minuten

1. Aufgabenstellung

Ein Bankkunde schließt ein Kredit über 1.000 € (Festzinsvereinbarung, Laufzeit 10 Jahre, Tilgung in einer Rate bei Fälligkeit) zwar variabel verzinst ab, ist damit aber unglücklich. Deswegen bitte er Sie zu ihrer Freude noch um einen Payer-Swap. Wie hoch ist der „faire" Swapsatz, wenn aufgrund eines nachlassenden Zinsniveaus die in der Zukunft liegenden Diskontierungsfaktoren bei $\frac{1}{1,1}$ liegen? Bitte zeigen Sie die Lösung algebraisch auf.

2. Lösung

Der Faire Swapsatz beträgt 1 %.

3. Hinweise zur Lösung

Nach s (Swapsatz) auflösen:

$$1.000 = \frac{s \cdot 1.000}{1,1} \cdot 10 + \frac{1.000}{1,1}$$

Teilen durch 1.000 und Subtraktion von $\frac{1}{1,1}$:

$$1 - \frac{1}{1,1} = \frac{s \cdot 10}{1,1}$$

Linke Seite auf einen Nenner bringen und zusammenfassen, dann durch $\frac{10}{1,1}$ teilen:

$$\frac{0,1}{1,1} \cdot \frac{1,1}{10} = 0,01 = 1\% = s$$

4. *Literaturempfehlung*

Bösch, Martin (2014): Derivate. Verstehen, anwenden und bewerten, 3. Auflage, München 2014,
  Teil D, Kapitel 2.

Aufgabe 8: Rentabilitätsszenarien

Anwenden
Bearbeitungszeit: 20 Minuten

1. Aufgabenstellung

In EUR	Fall 1	Fall 2	Fall 3
Gesamtkapital	100.000	100.000	100.000
Fremdkapital	–	25.000	50.000
Eigenkapital	100.000	75.000	50.000
Verschuldungsgrad	0,00	0,33	1,00
Gewinn vor Fremdkapitalzinsen	10.000	10.000	10.000
–7 % Fremdkapitalzinsen	–	1.750	3.500
Gewinn	10.000	8.250	6.500
Eigenkapitalrentabilität	10 %	11 %	13 %

Abb. 13. Finanzierungsszenarien

Ihr Unternehmen agiert mit einem Gesamtkapital von einer Mio. €. Die Rentabilität
dieses Kapitals betrug in den vergangenen Jahren 10 %. Sie kalkulieren drei Finanzierungsszenarien.
1) Finanzierung ausschließlich durch Eigenkapital
2) Finanzierung durch Eigen- und Fremdkapital zu gleichen Teilen (Verschuldungs-
    grad 1)
3) Finanzierung durch 25 % Eigenkapital (Verschuldungsgrad 3).

Der aktuelle Fremdkapitalzins beträgt 7 %.

a) Bitte stellen Sie die Auswirkung einer sinkenden Gesamtkapitalrentabilität auf die EK-Rentabilität für die verschiedenen Verschuldungsgrade dar. Gehen Sie von einer Gesamtkapitalrentabilität, von 7 % und 3 % aus.

b) Sie möchten maximal 10 % des eingesetzten EKs verlieren. Gehen Sie von einem FK-Zins von 7 % aus. Bis zu welcher Gesamtkapitalrentabilität bleiben Sie bei einem Verschuldungsgrad von 3 innerhalb ihres Limits?

c) Sie möchten maximal 10 % des eingesetzten EKs verlieren. Gehen Sie von der ursprünglichen Gesamtkapitalrentabilität aus (10 %). Bis zu welchem Zinssatz bleiben Sie für die alternativen Verschuldungsgrade innerhalb Ihres Limits?

2. Lösung

a) Eine Gesamtkapitalrentabilität von 3 % führt zu einer EK-Rentabilität von:
Ohne Verschuldung = 3 %
(Verschuldungsgrad 1) = −1 %
(Verschuldungsgrad 3) = −9 %
Eine Gesamtkapitalrentabilität von 7 % führt unabhängig vom Verschuldungsgrad zu einer EK-Rentabilität von 7 %.

b) Wenn die Gesamtkapitalrentabilität unter 2,75 % fällt wird das vorgegebene Verlustbudget von 10 % des Eigenkapitals überschritten.

c) Ohne Verschuldung kann der Zinssatz theoretisch unendlich hoch werden, da gar keine Fremdkapitalzinsen zu bezahlen sind.
Bei einem Verschuldungsgrad von 1 (50 % EK) wird ab einem Zinssatz von 30 % das vorgegebene Verlustbudget von 10 % des Eigenkapitals überschritten.
Bei einem Verschuldungsgrad von 3 (25 % EK) wird ab einem Zinssatz von 16,67 % das vorgegebene Verlustbudget von 10 % des Eigenkapitals überschritten.

3. Hinweise zur Lösung

a) In einer Situation ohne Verschuldung entspricht die Gesamtkapitalrentabilität der Eigenkapitalrentabilität. Im vorliegenden Fall fällt diese auf 7 % beziehungsweise 3 %.
Steigt die Verschuldung in einer Situation an, in der der Fremdkapitalzins der Gesamtkapitalrentabilität entspricht, in unserem Beispiel 7 %. Dann bleibt die Eigenkapitalrentabilität unabhängig vom Verschuldungsgrad ebenfalls bei 7 %. Dies ist damit zu erklären, dass eine Einheit aufgenommenes Fremdkapital genauso viel kostet wie sie Ertrag abwirft.
Steigt die Verschuldung in einer Situation an, in der der Fremdkapitalzins über der Gesamtkapitalrentabilität liegt, dann verringert sich die Eigenkapitalrentabilität mit der Erhöhung des Verschuldungsgrades. Eine aufgenommene Einheit Fremdkapital kostet dann mehr (in unserem Beispiel 7 %) als sie Ertrag abwirft (in unserem Beispiel 3 %). Übersteigen die Zinszahlungen den Ertrag des Unter-

nehmens, dann wird die Eigenkapitalrentabilität sogar negativ. Das Unternehmen macht einen Verlust.

Man errechnet die obenstehenden Ergebnisse, in dem man die Gesamtkapitalrentabilität mit dem eingesetzten Gesamtkapital multipliziert. Von diesem Wert subtrahiert man dann die Zinszahlungen und erhält den absoluten Gewinn. Diesen absoluten Gewinn setzt man nun in Relation zum eingesetzten Eigenkapital und erhält so die Rentabilität des Eigenkapitals.

b) Bei einem Verschuldungsgrad von 3 setzt das Unternehmen 250.000 € Eigenkapital ein. Der maximale Verlust soll 10 %, also 25.000 €, nicht überschreiten. Das Fremdkapital in Höhe von 750.000 € kostet 7 % und führt zu einer Zinsbelastung von 52.500 €. Um den Verlust im gesetzten Rahmen von 25.000 € zu halten, muss das Unternehmen 27.500 € (52.500 € – 25.000 € = 27.500 €) erwirtschaften. In Relation zum Gesamtkapital in Höhe von 1.000.000 € entspricht das einer Gesamtkapitalrentabilität von 2,75 %. Niedrigere Gesamtkapitalrentabilitäten führen zu einem Verlust der 25.000 € überschreitet.

c) Bei einem Verschuldungsgrad von 1 setzt das Unternehmen 500.000 € Eigenkapital ein. Der maximale Verlust soll 10 %, also 50.000 €, nicht überschreiten. Bei einer Gesamtkapitalrentabilität von 10 % beträgt der Gewinn vor Zinszahlungen 100.000 €. Um im gesteckten Verlustlimit von 10 % der Eigenkapitals zu bleiben können für die Zinszahlungen also 150.000 € (der Gewinn und das Verlustbudget) eingesetzt werden. Diese 150.000 € in Relation zum aufgenommenen Fremdkapital von 500.000 € erlauben einen Zins von maximal 30 %.

Bei einem Verschuldungsgrad von 3 setzt das Unternehmen 250.000 € Eigenkapital ein. Der maximale Verlust soll 10 %, also 25.000 €, nicht überschreiten. Bei einer Gesamtkapitalrentabilität von 10 % beträgt der Gewinn vor Zinszahlungen 100.000 €. Um im gesteckten Verlustlimit von 10 % der Eigenkapitals zu bleiben können für die Zinszahlungen also 125.000 € (der Gewinn und das Verlustbudget) eingesetzt werden. Diese 125.000 € in Relation zum aufgenommenen Fremdkapital von 750.000 € erlauben einen Zins von maximal 16,67 %.

4. Literaturempfehlung

Wöhe, Günter; Bilstein, Jürgen; Ernst, Dietmar; Häcker, Joachim (2013): Grundzüge der Unternehmensfinanzierung, 11. Auflage, München 2013, Teil A, Kapitel 5.

Aufgabe 9: Barwert

Anwenden
Bearbeitungszeit: 10 Minuten

1. Aufgabenstellung

Sie haben auf dem Primärmarkt gerade eine Anleihe der Bundesrepublik Deutschland mit einer Laufzeit von 5 Jahren gekauft. Der Coupon beträgt sagenhafte 1 %, Ausgabekurs 100 %. Berechnen Sie den Barwert der Anleihe, wenn sich das allgemeine Zinsniveau im 5-Jahresbereich unmittelbar nach dem Kauf um 50 Basispunkte erhöht.

2. Lösung

Der Barwert (Kurs) sinkt von 100 % auf 97,61 %.

3. Hinweise zur Lösung

Durch die Erhöhung des allgemeinen Zinsniveaus erhöht sich der Diskontsatz von $\frac{1}{1,01}$ auf $\frac{1}{1,015}$.

Es gilt: Barwert $= \frac{1}{(1,015)^1} + \frac{1}{(1,015)^2} + \frac{1}{(1,015)^3} + \frac{1}{(1,015)^4} + \frac{101}{(1,015)^5} = 97,61$.

4. Literaturempfehlung

Berk, Jonathan und Peter DeMarzo (2011): Grundlagen der Finanzwirtschaft. Analyse, Entscheidung und Umsetzung, 2. Auflage, München 2011, Teil II, Kapitel 4.

Aufgabe 10: Währungsswap

Anwenden
Bearbeitungszeit: 15 Minuten

1. Aufgabenstellung

Ein EUR-USD-Währungsswap hat eine Restlaufzeit von zwei Jahren. Bereits vor einem Jahr wurde der Swap zu nominal 100 Mio. EUR bei einem Wechselkurs von 1,20 EUR/USD abgeschlossen. Die damals vereinbarten Eurozinsen betragen fest 2 %, die Dollarzinsen 3 %, was dazu führte, dass der innere Wert des Swaps bereits bei Abschluss nicht null war. Das Zinsniveau ist bei einer total flachen Zinsstrukturkurve auf 2,5 % in den USA und 1 % im Euroraum zurückgegangen. Der aktuelle Wechselkurs beträgt 1,3 EUR/USD. Berechnen Sie den inneren Wert des Swaps.

2. Lösung

Der Swap hat einen inneren Wert von 1,4 Mio. Euro.

3. Hinweise zur Lösung

Der innere Wert des Swaps ergibt sich aus dem Vergleich der aus dem Geschäft resultierenden auf den heutigen Zeitpunkt und in einer Währung ausgedrückten Kapitalflüsse.

Die 100 Mio. Euro verzinsen sich mit 2 %, die 120 Mio. USD mit 3 %. Die so in den kommenden zwei Jahren anfallenden Zinsen werden mit den in den entsprechenden Währungsräumen aktuellen Zinsen (USD = 2,5 %; EUR = 1 %) abgezinst. Es ergeben sich barwertig 3,94 Mio. Euro und 6,93 Mio. USD. Die USD-Zahlungen werden mit dem aktuellen Kurs 1,3 EUR/USD in Euro umgerechnet (5,33 Mio. EUR). Die in Euro ausgedrückten USD Kapitalflüsse übersteigen die Euro-Kapitalflüsse um ca. 1,4 Mio. Euro, was dem inneren Wert des Swapgeschäfts entspricht.

4. Literaturempfehlung

Bösch, Martin (2014): Derivate. Verstehen, anwenden und bewerten, 3. Auflage, München 2014, Teil D, Kapitel 3.

Aufgabe 11: Zinssatzberechnung/Forward-Rate-Agreement

Anwenden
Bearbeitungszeit: 15 Minuten

1. Aufgabenstellung

Wie hoch ist ein Zinssatz für ein Forward-Rate-Agreement (FRA-Zinssatz) für ein 3*12-FRA (Vorlaufzeit drei Monate, FRA-Periode neun Monate), wenn der aktuelle 3-Monats-EURIBOR 2,0 % und der 12-Monats-EURIBOR 3 % entspricht?

2. Lösung

$$r_{FRA} = 3,3\%$$

3. Hinweise zur Lösung

Ein 3*12-FRA besteht aus einer Vorlaufzeit von drei Monaten und einer FRA-Periode von neun Monaten. Die Gesamtlaufzeit beträgt also 12 Monate. Es gilt:

1)

$$(1 + r_{GL} \cdot T_{GL}) = (1 + r_{VL} \cdot T_{VL}) \cdot (1 + r_{FRA} \cdot T_{FRA})$$

mit:

r_{GL} = Zinssatz der Gesamtlaufzeit (hier: 12-Monats-EURIBOR 3 %)

T_{GL} = Quotient aus der Gesamtlaufzeit in Tagen (hier: 12 Monate = 360 Tage) und der Anzahl der Tage in einem Jahr (360)

r_{VL} = Zinssatz der Vorlaufzeit (hier: 3-Monats-EURIBOR 2 %)

T_{VL} = Quotient aus der Vorlaufzeit in Tagen (hier: 3 Monate = 90 Tage) und der Anzahl der Tage in einem Jar (360)

r_{FRA} = Zinssatz für die FRA-Periode

T_{FRA} = Quotient aus der FRA-Laufzeit in Tagen (hier: 9 Monate = 270 Tage) und der Anzahl der Tage in einem Jahr (360)

Gesucht wird der FRA-Zinssatz. Dazu wird die Formel 1) nach r_{FRA} aufgelöst:

2)

$$\frac{\frac{(1+r_{GL} \cdot T_{GL})}{(1+r_{VL} \cdot T_{VL})} - 1}{T_{FRA}} = r_{FRA} = \frac{\frac{(1+0{,}03 \cdot \frac{360}{360})}{(1+0{,}02 \cdot \frac{90}{360})} - 1}{\frac{270}{360}} \approx 3{,}3\ \% \,.$$

4. Literaturempfehlung

Bösch, Martin (2014): Derivate. Verstehen, anwenden und bewerten, 3. Auflage, München 2014, Teil C, Kapitel 2.

Aufgabe 12: Kassa- und Terminzinssätze

Anwenden
Bearbeitungszeit: 15 Minuten

1. Aufgabenstellung

Eine Bank kalkuliert einen Terminzinssatz $R_{5,5}$ für ein Geschäft, das in 5 Jahren beginnen soll und eine Laufzeit über 5 Jahre hat. Die Spot Rate R_5 für fünf Jahre konnte mit 1,8 % ermittelt werden, die Spot Rate R_{10} für eine Laufzeit von 5 Jahren konnte mit 2,2 % bestimmt werden.

a)   Unterscheiden Sie Kassa- von Terminzinssätzen.

b)   Berechnen Sie die 5-jährige Forward-Rate für ein Geschäft, das in 5 Jahren beginnt.

2. Lösung

a) Ein Kassazins ist der Zinssatz, der für Geschäfte gültig ist, die am Kassamarkt gehandelt werden. Hierbei erfolgt das Verpflichtungsgeschäft in der Gegenwart, das Erfüllungsgeschäft ist i. d. R. zwei Bankarbeitstage nachfolgend. Terminzinssätze sind die Zinssätze, die am Terminmarkt für Zinstitel geschlossen werden. Das Verpflichtungsgeschäft des Termingeschäftes erfolgt auch in der Gegenwart für ein Geschäft in der Zukunft, d. h., dass das Erfüllungsgeschäft zu einem Termin in der Zukunft stattfindet.

b) Die fünfjährige Forward-Rate für ein Geschäft, das in fünf Jahren beginnt, ergibt sich durch: $R_{5,5} = \sqrt[5]{\frac{(1+R_{5+5})^{10}}{(1+R_5)^5}} - 1$

$$R_{5,5} = \sqrt[5]{\frac{(1,022)^{10}}{(1,018)^5}} - 1 = 2,6\,\%$$

3. Hinweise zur Lösung

Spot Rates sind Renditen von Zero-Bonds. Diese werden bei der Kalkulation herangezogen, da sie eine Arbitrage-freie Kalkulation gewährleisten.

Forward-Rates werden berechnet durch:

$$R_{T,t} = \sqrt[T]{\frac{(1 + R_{T+t})^{T+t}}{(1 + R_t)^t}} - 1$$

Diese Formel ergibt sich, wenn nach der Forward-Rate aufgelöst wird. Es müssen sich die Renditen für beide Anlagezeiträume gleichen:

$$(1 + R_t)^t \cdot (1 + R_{T,t})^T = (1 + R_t)^{t+T}$$

Für die Aufgabe bedeutet dies, dass die Rendite für eine 10-jährige Anlage der Rendite gleichen muss, bei der zunächst eine fünfjährige Anlage getätigt wird, an deren Anschluss eine fünfjährige Anlage in fünf Jahren folgt.

4. Literaturempfehlung

Bruns, Manfred; Christoph Schneider und Stefan Stöckl (2012): Wertpapiermanagement: Professionelle Wertpapieranalyse und Portfoliostrukturierung, 10. Auflage Stuttgart, 2012, S. 153 ff.

Aufgabe 13: Effektivzinssatz/Regula Falsi

Anwenden, Verstehen
Bearbeitungszeit: 15 Minuten

---

1. Aufgabenstellung

Berechnen Sie den Effektivzinssatz für den Zahlungsstrom:

$$z_0 = -100\,€, \quad z_1 = 4\,€, \quad z_2 = 5\,€, \quad z_3 = 106\,€$$

mit Hilfe der Regula Falsi mit den Werten $a_0 = 1{,}046$ und $b_0 = 1{,}054$

Berechnen Sie einen Iterationsschritt, verwenden Sie dabei 4 Nachkommastellen und setzen Sie $x := (1 + i_{\text{eff}})$. Was müssen Sie hinsichtlich des zweiten Iterationsschrittes prüfen?

2. Lösung

$$-100 + \frac{4}{x} + \frac{5}{x^2} + \frac{106}{x^3} = 0$$

$$a_0 = 1{,}046 \qquad b_0 = 1{,}054$$

$$f(a_0) = 1{,}0153 \quad f(b_0) = -1{,}1759$$

Die Funktionswerte haben unterschiedliche Vorzeichen, also kann das Verfahren Regula Falsi angewendet werden.

1. Iterationsschritt:

$$c_1 = 1{,}046 - \frac{1{,}054 - 1{,}046}{-1{,}1759 - 1{,}0153} \cdot 1{,}0153 = 1{,}0497$$

$$f(c_1) = -0{,}0082$$

Gleiches Vorzeichen bei $f(c_1)$ und $f(b_0)$.

Also wird im 2. Iterationsschritt: $a_1 := a_0$ und $b_1 := c_1$.

Demnach ist $i_{\text{eff}} = 0{,}0497$.

3. Hinweise zur Lösung

Der Effektivzins wird als Nullstelle der Kapitalwertgleichung berechnet. Zur Regula Falsi siehe auch Aufgabe 10 im Abschnitt 3.2.

4. Literaturempfehlung

Pfeifer, Andreas (2009): Praktische Finanzmathematik. Mit Futures, Optionen, Swaps und anderen Derivaten, 5. Auflage, Frankfurt am Main 2009, Kapitel 3.2.

Aufgabe 14: Interne Verzinsung/Verfahren von Newton

Anwenden
Bearbeitungszeit: 15 Minuten

1. Aufgabenstellung

Gegeben sind folgende Zahlungen eines Investitionsobjektes:

Tab. 11. Zahlungsreihen der möglichen Investitionsalternative

Daten	Investitionsobjekt
Anschaffungspreis in €	250.000
Rückfluss [€] in	
$t = 1$	75.000
$t = 2$	75.000
$t = 3$	80.000
$t = 4$	80.000
$t = 5$	0
Liquidationserlös in $t = 5$	40.000

Berechnen Sie die interne Verzinsung nach dem Iterationsverfahren von Newton. Führen Sie dazu maximal zwei Iterationen durch. Beginnen Sie mit dem Startwert von 14 %.

2. Lösung

Verfahren von Newton:

$$x_{n+1} = x_n - \frac{f(x_n)}{f'(x_n)}$$

1. Iteration mit dem Startwert $x_1 = 0,14$:

$$x_2 = 0,14 - \frac{-4.361,57}{-558.370,34} = 0,1321887$$

2. Iteration mit dem Folgewert $x_2 = 0,1321887$:

$$x_{n+1} = x_n - \frac{f(x_n)}{f'(x_n)}$$

$$x_2 = 0,1321887 - \frac{64,11}{-574.892,10} = 0,1323002$$

3. Hinweise zur Lösung

Das Verfahren von Newton wird eingesetzt, um Nullstellen bei einem Polynom höheren Grades berechnen zu können. Eine mögliche Alternative ist das Verfahren der linearen Interpolation.

Die Iterationsfunktion ist:

$$x_{n+1} = x_n - \frac{f(x_n)}{f'(x_n)}$$

Die Funktion zur Berechnung der internen Verzinsung ist:

$$f(x_n) = -250.000 + \frac{75.000}{1+i} + \frac{75.000}{(1+i)^2} + \frac{80.000}{(1+i)^3} + \frac{80.000}{(1+i)^4} + \frac{40.000}{(1+i)^5}$$

Die Ableitung dieser Funktion ergibt sich durch:

$$f'(x_n) = -\frac{75.000}{(1+i)^2} - \frac{150.000}{(1+i)^3} - \frac{240.000}{(1+i)^4} - \frac{320.000}{(1+i)^5} - \frac{200.000}{(1+i)^6}$$

In dieser Aufgabe ist der Startwert für die Iteration vorgegeben worden. Erfolgt keine Vorgabe, ist der Wert durch Ausprobieren zu bestimmen.

4. Literaturempfehlung

Sydsaeter, Knut; Peter Hammond und Arne Strøm (2013): Mathematik für Wirtschaftswissenschaftler. Basiswissen mit Praxisbezug, 4. Auflage, München 2013, S. 298 ff.

4 Wirtschaftsstatistik

4.1 Grundlagen der deskriptiven Statistik

Aufgabe 1: Diagramme und Mittelwerte

Wissen, Transfer
Bearbeitungszeit: 30 Minuten

1. Aufgabenstellung

In einer kleinen Ortschaft in Nordhessen wurde ein zweiter kleiner Laden eröffnet. Um zu ermitteln, ob dieser Laden eine Konkurrenz zu dem bestehenden Laden ist, oder deshalb mehr Käufer im Ort kaufen wurden die wöchentlichen Gewinne der beiden Läden von Januar bis März verglichen.

Tab. 12. Wöchentliche Gewinne von Januar bis März

Woche	Gewinne in €	
	Tante Herta Laden	**Tante Gerda Laden**
1	1.250	800
2	1.354	1.153
3	1.178	1.217
4	1.046	1.190
5	1.123	1.423
6	1.078	1.250
7	935	1.289
8	967	1.345
9	1.024	1.298
10	1.189	1.189
11	1.256	1.234
12	1.298	1.256

a) Stellen Sie die Gewinnstatistik als Liniendiagramm dar! Wie muss ein Diagramm beschriftet sein.

b) Zeichnen Sie in das Diagramm für beide Unternehmen mit der Methode des gleitenden Mittelwertes eine Trendkurve 4ter Ordnung ein (entweder nachlaufend oder mittig)!

c) Wie hoch ist der mittlere Gewinn der beiden Läden?

d) Wie groß ist jeweils die absolute Abweichung vom Mittelwert?

e) Wie groß ist jeweils die Standardabweichung?

2. Lösung

a) Ein Diagramm muss immer so beschriftet sein, dass es für sich genommen verständlich ist. Dabei sind insbesondere die Achsen zu beschriften und es muss ein aussagefähiger Titel gefunden werden, der zeitlich, sachlich und örtlich abgrenzt. Möglich wäre ein Diagramm der folgenden Art, wobei schon die mittigen gleitenden Durchschnitte eingetragen sind.

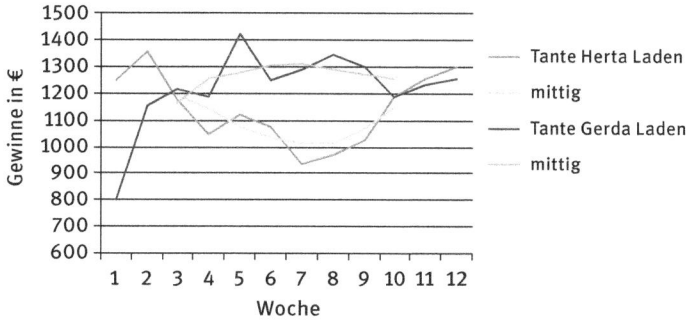

Abb. 14. Wochengewinn zweier Länder in Nordhessen von Januar bis März

b) Die Werte für die gleitenden Durchschnitte lauten:

Tab. 13. Ermittelte gleitende Durchschnitte

| Woche | Gewinne in € | | | | | |
	Tante Herta Laden	mittig	nachlaufend	Tante Gerda Laden	mittig	nachlaufend
1	1.250			800		
2	1.354			1.153		
3	1.178	1.191,13		1.217	1.167,88	
4	1.046	1.140,75	1.207	1.190	1.257,88	1.090
5	1.123	1.075,88	1.175,25	1.423	1.279	1.245,75
6	1.078	1.035,63	1.106,25	1.250	1.307,38	1.270
7	935	1.013,38	1.045,5	1.289	1.311,13	1.288
8	967	1.014,88	1.025,75	1.345	1.287,88	1.326,75
9	1.024	1.068,88	1.001	1.298	1.273,38	1.295,5
10	1.189	1.150,38	1.028,75	1.189	1.255,38	1.280,25
11	1.256		1.109	1.234		1.266,50
12	1.298		1.191,75	1.256		1.244,25

c) Der Tante Herta-Laden macht einen Durchschnittlichen Gewinn von 1.141,5 €, der Tante Gerda-Laden einen von 1.220,33 €.

d) Die mittlere absolute Abweichung beträgt für den Tante-Herta Laden 112,66 € und für den Tante-Gerda Laden 92,11 €.

e) Die Standardabweichung beträgt für den Tante-Herta Laden 128,62 € und für den Tante-Gerda Laden 145,15 €.

3. Hinweise zur Lösung

Zu a): Diagrammbeschriftungen müssen immer ein Diagramm derart erläutern, dass es für sich selber steht, und keiner weiteren Erläuterung bedarf.

Zu b): Einzeichnen der berechneten Punkte. Für einen Nachlaufenden gleitenden Durchschnitt, müssen nur die letzten n Werte aufsummiert werden und das Ergebnis durch n geteilt werden. Das Ergebnis wird dem Zeitpunkt des aktuellsten Werts zugeordnet. Bei mittigen gleitenden Durchschnitten wird der Mittlere Zeitpunkt zugeordnet. Im Fall einer geraden Anzahl von Werten ist die Mitte jedoch kein Zeitpunkt. Hier wird ein leicht modifiziertes Verfahren genutzt. Es wird ein Wert mehr genommen, als angegeben, wobei der Aktuellste und der am weitesten in der Vergangenheit liegende Wert nur halb genommen werden.

Zu c): Ein Mittelwert wird bestimmt, indem alle vorhandenen Werte zunächst aufsummiert werden. Die so erhaltene Summe wird dann durch die Anzahl der Werte dividiert. Das Ergebnis ist der Mittelwert.

Zu d): Die mittlere absolute Abweichung wird berechnet, indem man den Abstand vom Mittelwert bestimmt (Achtung: Abstände sind immer positiv) und aufsummiert. Diese Summe wird durch die Anzahl der Werte geteilt (analog zum Mittelwert).

Zu e): Die Standardabweichung wird berechnet, indem man den Abstand vom Mittelwert bestimmt und diese Quadriert. Diese Werte werden dann aufsummiert. Diese Summe wird durch die Anzahl der Werte geteilt (analog zum Mittelwert).

4. Literaturempfehlung

Schira, Josef (2012): Statistische Methoden der VWL und BWL. Theorie und Praxis, 4. Auflage, München 2012, Kapitel 1 und Kapitel 2.

Aufgabe 2: Parameter der deskriptive Statistik

Transfer, Anwenden
Bearbeitungszeit: 22 Minuten

1. Aufgabenstellung

Ein großer Online-Versandhändler möchte untersuchen, wie viele Produkte seine Kunden bei einer Bestellung kaufen. Zu diesem Zweck hat er für die letzten 200 Bestellungen jeweils die Anzahl der gekauften Produkte erhoben und die Beobachtungen in der folgenden Häufigkeitstabelle zusammengefasst:

Tab. 14. Produkte und Häufigkeiten der Bestellungen

Anzahl bestellte Produkte	1	2	3	4	5	6	7	8
Häufigkeit (Anzahl Bestellungen)	70	50	35	20	15	3	4	3

a) Zeichnen Sie ein Säulendiagramm der Beobachtungen.

b) Berechnen Sie den Mittelwert der Beobachtungen und erklären Sie mit einem Satz, was dieser Wert bedeutet.

c) Erklären Sie kurz, was sich bei der Berechnung des Mittelwertes ändern würde, wenn die Beobachtungen bereits in Klassen eingeteilt vorlägen.

d) Bestimmen Sie den Median der Beobachtungen und erläutern Sie kurz, warum dieser von dem Ergebnis in Aufgabenteil b) abweicht.

e) Welcher Anteil der Bestellungen umfasst 2 bis 5 Produkte?

f) Welchen Anteil an der Gesamtanzahl bestellter Produkte haben die 25 größten Bestellungen?

2. Lösung

a)

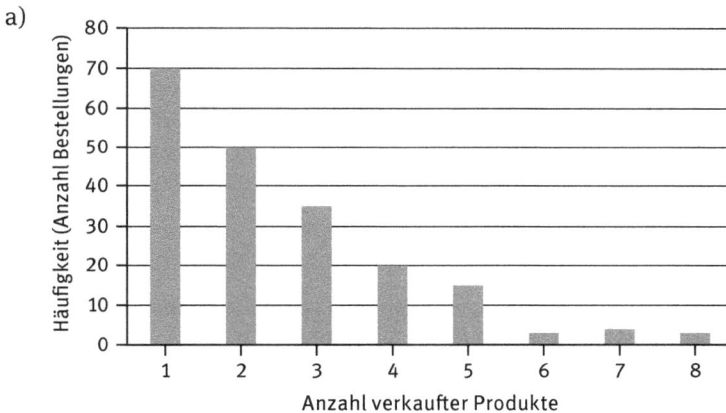

Abb. 15. Säulendiagramm der Beobachtungen

b) Bei der Berechnung des arithmetischen Mittels muss hier beachtet werden, dass die Daten schon in einer Häufigkeitstabelle zusammengefasst worden sind. Der Mittelwert wird daher wie folgt berechnet:

$$\bar{x} = \frac{70 \cdot 1 + 50 \cdot 2 + 35 \cdot 3 + 20 \cdot 4 + 15 \cdot 5 + 3 \cdot 6 + 4 \cdot 7 + 3 \cdot 8}{200} = \frac{500}{200} = 2,5$$

Im Durchschnitt werden bei einer Bestellung bei dem Online-Versandhändler 2,5 Produkte bestellt.

c) Wenn die Beobachtungen nur in Klassen eingeteilt vorliegen (und die ursprünglichen Beobachtungen unbekannt sind), werden in der Formel zur Berechnung des Mittelwertes die Häufigkeiten der Klassen jeweils mit der Klassenmitte multipliziert.

d) Da hier eine gerade Anzahl an Beobachtungen vorliegt, ist der Median der Mittelwert aus den beiden Beobachtungen, die in der Mitte der sortierten Beobachtungen liegen. Wenn man die Beobachtungen sortiert, sind der 100. und der 101. Wert gleich 2. Damit ist der Median auch gleich 2.

Der Mittelwert wird im Gegensatz zum Median von extremen Beobachtungen („Ausreißern") beeinflusst. Hier liegt keine symmetrische Verteilung der Merkmalswerte vor, sondern eine recht schiefe mit wenigen extremen Beobachtungen mit 6 oder mehr verkauften Produkten. Diese extremen Werte erhöhen den Mittelwert und führen dazu, dass dieser hier größer ist als der Median.

e) Bei $50 + 35 + 20 + 15 = 120$ Bestellungen wurden 2 bis 5 Produkte bestellt. Das entspricht bei 200 Bestellungen insgesamt $120/200 = 0,6$ bzw. $60\,\%$.

f) Bei den 25 größten Bestellungen wurden insgesamt $15 \cdot 5 + 3 \cdot 6 + 4 \cdot 7 + 3 \cdot 8 = 145$ Produkte bestellt. Das entspricht bei insgesamt 500 bestellten Produkten (siehe Mittelwertberechnung) einem Anteil von $145/500 = 0,29$ bzw. $29\,\%$.

3. Hinweise zur Lösung

Die Aufgabenteile lassen sich natürlich auch durch das Aufstellen einer vollständigen Häufigkeitstabelle lösen. In vielen Fällen können solche Fragen aber auch – vergleichbar wie in der Lösung oben – ohne die Häufigkeitstabelle durch einfache Überlegungen beantwortet werden.

4. Literaturempfehlung

Bourier, Günther (2014): Beschreibende Statistik. Praxisorientierte Einführung – Mit Aufgaben und Lösungen, 12. Auflage, Wiesbaden 2014, Kapitel 2.4, 2.5 und 3.1.

Fahrmeir, Ludwig et al. (2010): Statistik. Der Weg zur Datenanalyse, 7. Auflage, Berlin und Heidelberg 2010, Kapitel 2.1 und Kapitel 2.2.

Zucchini, Walter et al. (2009): Statistik für Bachelor- und Masterstudenten. Eine Einführung für Wirtschafts- und Sozialwissenschaftler, Berlin 2009, Kapitel 2.

Aufgabe 3: Boxplot

Transfer, Anwenden
Bearbeitungszeit: 11 Minuten

1. Aufgabenstellung

Eine große Fluggesellschaft hat an ihrem Heimatflughafen Frankfurt/Main die Ankunftsverspätung der Flüge von 3 verschiedenen Herkunftsflughäfen gemessen und ausgewertet. Das Ergebnis zeigt die folgende Grafik in Form von Boxplots (siehe Abb. 16 auf folgender Seite).

Hinweis: Eine negative Ankunftsverspätung bedeutet, dass der Flug vor der geplanten Ankunftszeit angekommen ist.

a) Was lässt sich an Hand der Grafik über die Ankunftsverspätungen bei Flügen von den 3 Herkunftsflughäfen sagen?

b) Wie groß ist der Median der Ankunftsverspätung bei Flügen aus München? Was sagt dieser Wert aus?

c) Wie groß ist der Anteil der Flüge aus Berlin, die ohne Ankunftsverspätung, also spätestens zur geplanten Ankunftszeit, landen?

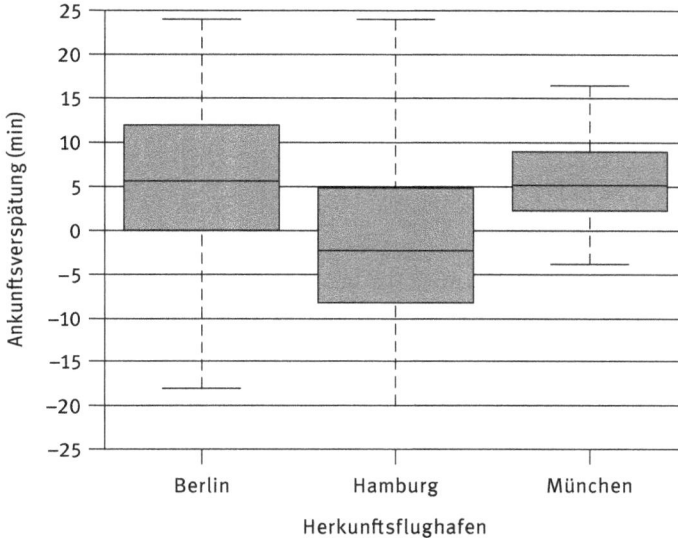

Abb. 16. Boxplotgrafik zu den Ankunftsverspätungen

2. Lösung

a) Boxplots vermitteln einen guten Eindruck von Lage und Streuung von Daten, insbesondere beim Vergleich von zwei oder mehr Datensätzen.

Hier sieht man am Median, der jeweils durch den dicken Strich in der Mitte der Boxen gekennzeichnet ist, dass die mittlere Ankunftsverspätung bei Flügen aus Berlin und München ungefähr gleich ist und bei rund 5 Minuten liegt, während Flüge aus Hamburg mit einem Median der Ankunftsverspätung von circa –2 Minuten deutlich pünktlicher landen.

Darüber hinaus lässt sich an der Größe der Boxen, die jeweils den Bereich vom 1. bis zum 3. Quartil darstellen, ablesen, dass die Streuung der Ankunftsverspätung bei Flügen aus Berlin und Hamburg in etwa gleich groß ist und dabei deutlich größer als die Streuung der Ankunftsverspätung bei Flügen aus München.

b) Der Median ist der Wert, der die Beobachtungen in der Mitte teilt; das heißt, 50 % der Beobachtungen sind kleiner oder gleich dem Median und die anderen 50 % der Beobachtungen sind größer oder gleich dem Median.

Der Median der Ankunftsverspätung bei Flügen aus München liegt näherungsweise bei 5 Minuten. Dieser Wert sagt aus, dass 50 % der Flüge aus München mit einer

Ankunftsverspätung von 5 Minuten oder weniger in Frankfurt landen, während die anderen 50 % der Flüge aus München eine Ankunftsverspätung von mindestens 5 Minuten haben.

c) Aus dem Boxplot der Ankunftsverspätung der Flüge aus Berlin kann abgelesen werden, dass das 1. Quartil bzw. 25 %-Quantil (die untere Grenze der roten Box) genau bei 0 liegt. Das bedeutet, dass 25 % der Flüge mit einer Ankunftsverspätung von 0 Minuten oder weniger in Frankfurt ankommen

3. Hinweise zur Lösung

Boxplots werden in der statistischen Praxis häufig verwendet, um mehrere Datensätze oder mehrere Teilgruppen eines Datensatzes miteinander zu vergleichen. Mit Hilfe von Boxplots erhält man sehr schnell einen Eindruck von den Verteilungen der einzelnen Teil-Datensätze und inwiefern sich diese voneinander unterscheiden.

Die obige Lösung zu Aufgabenteil a) stellt knapp die wesentlichen Erkenntnisse zum Vergleich der drei Datensätze dar. Natürlich lassen sich aus den Boxplots noch weitere Details ablesen, beispielsweise die Quartile oder die Lage möglicher Ausreißer.

4. Literaturempfehlung

Fahrmeir, Ludwig et al. (2010): Statistik. Der Weg zur Datenanalyse, 7. Auflage, Berlin und Heidelberg 2010, Kapitel 2.2.2.

Zucchini, Walter et al. (2009): Statistik für Bachelor- und Masterstudenten. Eine Einführung für Wirtschafts- und Sozialwissenschaftler, Berlin 2009, Kapitel 2.3.2.

Aufgabe 4: Mittelwerte, ungewichteter und gewichteter Durchschnitt

Anwenden
Bearbeitungszeit: 10 Minuten

1. Aufgabenstellung

Ermitteln Sie den ungewichteten und gewichteten Durchschnitt aus den nachstehenden Fächern:

Tab. 15. Daten zur Ermittlung der ungewichteten Durchschnitte

Fach	Note	Gewichtung
Statistik	2,0	15 %
Mathe	3,4	10 %
Mikro	1,0	60 %
BWL	2,7	15 %

2. Lösung

Ungewichteter Durchschnitt: 2,275.
Gewichteter Durchschnitt: 1,645.

3. Hinweise zur Lösung

Zur Ermittlung des ungewichteten Durchschnitts addiert man alle Noten und teilt das Ergebnis durch die Anzahl der Noten (In diesem Fall vier.).

Zur Ermittlung des gewichteten Durchschnitts multipliziert man alle Noten zunächst mit dem entsprechenden Gewicht. Für das Fach Statistik (15 %) ergibt sich: $2,0 \cdot 0,15 = 0,3$. Die so errechneten Zwischenergebnisse werden dann addiert.

Man sieht, dass die gewichtete Durchschnittsnote besser ausfällt, als die ungewichtete Note. Dies liegt im vorliegenden Beispiel daran, dass die sehr gute Mikro-Note (1,0) mit einem Anteil von 60 % in die Gesamtbewertung einfließt. Das relativ schlechte Abschneiden in Mathe schlägt jedoch nur mit 10 % ins Gewicht. Diese Effekte bleiben beim ungewichteten Durchschnitt unberücksichtigt.

4. Literaturempfehlung

Wewel, Max (2014): Statistik im Bachelor-Studium der BWL und VWL. Methoden, Anwendung, 3. Auflage, Hallbergmoos 2014, Teil I, Kapitel 1.

Aufgabe 5: Parameter von Häufigkeitsverteilungen

Anwenden
Bearbeitungszeit: 20 Minuten

1. Aufgabenstellung

Ihr Betrieb hat ein Kostenproblem. Sie identifizieren die Krankheitstage als eine Ursache und erheben nachstehende Daten.

Tab. 16. Ermittelte Krankheitstage der Mitarbeiter

Krankheitstage	Anzahl Mitarbeiter
0	7
4	12
7	10
10	8
12	113
17	4
20	3
25	1

a) Berechnen Sie das arithmetische Mittel, den Modus und den Median.
b) Berechnen Sie das 3. Quartil und das 9. Dezentil.
c) Berechnen Sie die Standardabweichung.

2. Lösung

a) arithmetisches Mittel: $\bar{x} = 7,66$ [Tage]

   Modus: $x_D = 5$ [Tage]

   Median: $\tilde{x} = 5$ [Tage]

b) 3. Quartil $x_{0,75} = x_{[37,5]} = x_{38} = 12$ [Tage]

   9. Dezentil $x_{0,9} = \frac{1}{2} \cdot (x_{45} + x_{46}) = \frac{1}{2} \cdot (18 + 18) = 18$ [Tage]

c) $\sigma = \sqrt{\sigma^2} = \sqrt{30,6244} = 5,5339$ [Tage]

3. Hinweise zur Lösung

a) Das arithmetische Mittel erhält man, indem man die Gesamtzahl der Fehltage ermittelt (Summe aus Anzahl der Fehltage multipliziert mit der Anzahl der Personen) und diesen Wert anschließend durch die Anzahl der Mitarbeiter (Im vorliegenden Beispiel 50) teilt.
   arithmetisches Mittel: $\bar{x} = \frac{5 \cdot 0 + 9 \cdot 3 + 13 \cdot 5 + 9 \cdot 9 + 8 \cdot 12 + 4 \cdot 18 + 2 \cdot 21}{50} = 7,66$ [Tage]
   Der Modalwert, oder Modus, beschreibt den Wert, der am häufigsten vorkommt.
   Modus: $x_D = 5$ [Tage] (5 kommt mit 13-mal am häufigsten vor)
   Die Fehlzeiten seien aufsteigend sortiert, also:

   $$x_i = 0 \quad \text{für} \quad i = 1, \ldots, 5$$
   $$x_i = 3 \quad \text{für} \quad i = 6, \ldots, 14$$
   $$x_i = 5 \quad \text{für} \quad i = 15, \ldots, 27$$
   $$x_i = 9 \quad \text{für} \quad i = 28, \ldots, 36$$
   $$x_i = 12 \quad \text{für} \quad i = 37, \ldots, 44$$
   $$x_i = 18 \quad \text{für} \quad i = 45, \ldots, 48$$
   $$x_i = 21 \quad \text{für} \quad i = 49, \ldots, 50$$

   Der Median, oder der 50 % Wert, teilt die Stichprobe in zwei Teile. Jeweils 50 % der Beobachtungen sind größer als der Median und 50 % kleiner. Da wir hier mit 50 eine gerade Anzahl an Beobachtungen vorliegt, gibt es keinen Wert, der genau in der Mitte liegt. In einem solchen Fall erden zwei Werte herangezogen; der größte Wert der kleineren Hälfte $x_{25} = 5$ und der kleinste Wert der größeren Hälfte $x_{26} = 5$. Aus diesen beiden Werten bildet man den Durchschnitt.
   Median: $\tilde{x} = \frac{1}{2} \cdot (x_{25} + x_{26}) = \frac{1}{2} \cdot (5 \cdot 5) = 5$ [Tage]
b) Die Überlegungen hier folgen analog denen zum Median (Aufgabenteil a). Das 3. Quartil teilt die Stichprobe in einen Bereich mit den kleineren Ausprägungen

(75 % aller Beobachtungen liegen dort) und einen Bereich mit den größeren Ausprägungen (25 % aller Beobachtungen liegen dort). Um den entsprechenden Wert zu ermitteln multipliziert die Anzahl der Beobachtungen (hier 50) mit dem gesuchten Quartilswert $p = 0,75$. Für das 3. Quartil ($n = 50$; $p = 0,75$): dann ist $n \cdot p = 50 \cdot 0,75 = 37,5$ keine ganze Zahl, also wird x_{38} berücksichtigt, da dies der erste Wert ist, bei dem 75 % der Beobachtungen überschritten werden

$$x_{0,75} = x_{[37,5]} = x_{38} = 12 \text{ [Tage]}$$

Das 9. Dezentil entspricht dann dem 90 % Wert. Alle Überlegungen verlaufen analog zum denen zum 3. Quartil: ($n = 50$; $p = 0,9$): dann ist $n \cdot p = 50 \cdot 0,9 = 45$ eine ganze Zahl, also:

$$x_{0,9} = \frac{1}{2} \cdot (x_{45} + x_{46}) = \frac{1}{2} \cdot (18 + 18) = 18 \text{ [Tage]}$$

c) Zur Ermittlung der Standardabweichung zieht man das arithmetische Mittel aus Aufgabenteil a) heran. Nun bildet die Differenzen zwischen den tatsächlich beobachteten Fehlzeiten und dem arithmetischen Mittel. Um Abweichungen nach oben und unten nicht ungewollter Weise mit einander zu verrechnen, werden die einzelnen Differenzen quadriert und mit der absoluten Häufigkeit gewichtet. Die Summe aus den quadrierten und gewichteten Differenzen wird anschließend durch die Anzahl der Beobachtungen (hier 50) geteilt. Als Ergebnis erhält man die Varianz.
Varianz:

$$\frac{5 \cdot (0-7,66)^2 + 9 \cdot (3-7,66)^2 + 13 \cdot (5-7,66)^2 + 9 \cdot (9-7,66)^2 + 8 \cdot (12-7,66)^2 + 4 \cdot (18-7,66)^2 + 2 \cdot (21-7,66)^2}{50}$$

$\sigma^2 = 30,6244 \text{ [Tage}^2\text{]}$

Die Varianz enthält die quadrierten Differenzen. Um dies zu korrigieren, zieht man die Wurzel aus der Varianz und erhält die Standardabweichung.
Standardabweichung:

$$\sigma = \sqrt{\sigma^2} = \sqrt{30,6244} = 5,339 \text{ [Tage]}$$

4. Literaturempfehlung

Schira, Josef (2012): Statistische Methoden der VWL und BWL. Theorie und Praxis, 4. Auflage, München 2012, Kapitel 2.

Aufgabe 6: Portfoliorisiko

Transfer
Bearbeitungszeit: 20 Minuten

1. Aufgabenstellung

Ein Kunde bittet Sie darum, das Risiko für ein 2-Asset-Portfolio zu minimieren. Welche Asset-Allokation resultiert für die Korrelationen $\rho = 1, -1$ und 0. Bitte interpretieren Sie die drei Ergebnisse kurz (es gilt: $\sigma_1 = 2$ und $\sigma_2 = 1$).

2. Lösung

$$\rho = 1 \quad \rightarrow \quad \omega_1 = -1$$

Bei perfekt negativer Korrelation der beiden Assets ergibt sich das Minimumvarianzportfolio durch einen negativen Wert für das riskantere Asset. Der Portfolioinhaber muss also als Emittent dieses Assets agieren, es also „short" gehen. Das rechnerische Risiko wird in diesem Fall vollständig wegdiversifiziert.

$$\rho = -1 \quad \rightarrow \quad \omega_1 = \frac{1}{3}$$

Bei perfekt positiver Korrelation der beiden Assets ergibt sich das Minimumvarianzportfolio durch eine Übergewichtung des weniger riskanten Assets, derart, dass das rechnerische Risiko vollständig wegdiversifiziert werden kann.

$$\rho = 0 \quad \rightarrow \quad \omega_1 = 0{,}2$$

Im Falle zweier unkorrelierter Assets führt ebenfalls eine Übergewichtung des weniger riskanten Assets zum Minimumvarianzportfolio. In diesem Fall resultiert ein Portfoliorisiko, dass geringer ist als das des weniger riskanten Assets.

3. Hinweise zur Lösung

Die Portfoliovarianz wird wie folgt formuliert:

$$\sigma_P^2 = \sigma_1^2 \omega_1^2 + \sigma_2^2 \omega_2^2 + 2\rho_{1,2} \omega_1 \omega_2 \sigma_1 \sigma_2$$

mit:

$$\omega_X = \text{Portfoliogewicht des Assets } X$$
$$\rho_{X,Y} = \text{Korrelationskoeffizient}$$
$$\sigma_X = \text{Standardabweichung des Assets } X$$
$$\omega_1 + \omega_2 = 1$$

Lösungsschritte:

Substituieren Sie ein ω_x – zum Beispiel: $\omega_1 = 1 - \omega_2$.

Leiten Sie die Varianz nach ω_1 ab.

Setzen Sie das Ergebnis =0.

Isolieren Sie das ω_1. Es folgt: $\omega_1 = (1 - 2\rho) / (5 - 4\rho)$.

Daraus ergeben sich die folgenden, das Risiko minimierende Portfolioaufteilungen:

$$\rho = 1 \quad \rightarrow \quad \omega_1 = -1$$

$$\rho = -1 \quad \rightarrow \quad \omega_1 = \frac{1}{3}$$

$$\rho = 0 \quad \rightarrow \quad \omega_1 = 0,2$$

4. Literaturempfehlung

Berk, Jonathan und Peter DeMarzo (2011): Grundlagen der Finanzwirtschaft. Analyse, Entscheidung und Umsetzung, 2. Auflage, München 2011, Teil IV, Kapitel 10.

Aufgabe 7: Korrelationsanalyse

Verstehen
Bearbeitungszeit: 15 Minuten

1. Aufgabenstellung

Die Renditen der Friedrich AG und der Studi AG haben sich historisch gemäß nachstehender Tabelle entwickelt. Bitte ermitteln Sie die Korrelation der beiden Titel.

Tab. 17. Übersicht der beobachteten und erwateten Renditen

Friedrich AG		Studi AG	
Beobachtete Rendite	Erw. Rendite	Beobachtete Rendite	Erw. Rendite
0,06	0,05	−0,003	0,025
0,03	0,05	0,01	0,025
−0,03	0,05	0,03	0,025
0,08	0,05	0,04	0,025

2. Lösung

Die Korrelation beträgt 2 % und ist somit nur schwach ausgeprägt.

3. Hinweise zur Lösung

Zunächst wird die Kovarianz zwischen den beiden Aktienrenditen gebildet. Dies geschieht, indem man die Differenz der erwarteten Rendite zur beobachteten Rendite bildet (Für jeden beobachteten Zeitpunkt und für beide Aktien). Für die Aktie der Friedrich AG ergibt sich:

Erwartete Rendite	Beobachtete Rendite	Differenz
0,05	0,06	−0,01
0,05	0,03	0,02
0,05	−0,03	0,08
0,05	0,08	−0,03

Gleiches gilt es für die Studi AG zu tun. Es ergibt sich:

Erwartete Rendite	Beobachtete Rendite	Differenz
0,025	−0,003	0,028
0,025	0,01	0,015
0,025	0,03	−0,005
0,025	0,04	−0,015

Anschließend werden die Differenzen zu den jeweiligen Zeitpunkten multipliziert. Für die erste Beobachtung ergibt sich: $-0,01 \cdot 0,028 = -0,00028$

Die so errechneten Werte (Produkt der Differenzen zu den jeweiligen Zeitpunkten) werden nun addiert und durch die Anzahl der Beobachtungen (In diesem Fall vier.) geteilt. Der so errechnete Wert 0,0000175 entspricht der Kovarianz.

Da die Kovarianz schwierig zu interpretieren ist, betrachtet man den Korrelationskoeffizienten. Dieser ergibt sich, indem die Kovarianz durch das Produkt der Standardabweichungen der beiden Aktien geteilt wird. Die Standardabweichungen erhält man, indem man die Differenzen der beobachteten Renditen von den tatsächlichen zu jedem Zeitpunkt quadriert, aufaddiert und durch die Anzahl der Beobachtungen (In diesem Fall vier.) teilt und aus diesem Wert die Wurzel zieht. Für die Friedrich AG ergibt sich eine Standardabweichung von 0,044. Für die Studi AG ergibt sich eine Standardabweichung von 0,018.

Um den Korrelationskoeffizienten zu ermitteln teilt man nun die Kovarianz durch das Produkt der Standardabweichungen der beiden Aktien:

$$\text{Korrelation} = \frac{\text{COV}_{(\text{Friedrich, Studi})}}{\sigma_{(\text{Friedrich, Studi})} \cdot \sigma_{(\text{Studi})}} = \frac{0,0000175}{0,044 \cdot 0,018} = 0,02233767 \,.$$

4. Literaturempfehlung

Wolke, Thomas (2008): Risikomanagement, 2. Auflage, München 2008, Kapitel 2.

4.2 Grundlagen der Wahrscheinlichkeitsrechnung

4.2.1 Diskrete Verteilungen

Aufgabe 1: Binomialverteilung und Anwendung der Grundlagen der Wahrscheinlichkeitsrechnung

Wissen, Transfer, Anwenden
Bearbeitungszeit: 10 Minuten

1. Aufgabenstellung

Die Wahrscheinlichkeit am falschen Ort zu sein beträgt 35 %. Mit welcher Wahrscheinlichkeit sind von 25 Personen mehr als zwei nicht am richtigen Ort? Wenn die Wahrscheinlichkeit, unabhängig vom Ort, pünktlich zu sein bei 90 % liegt, wie groß ist dann die Wahrscheinlichkeit pünktlich am richtigen Ort zu sein? Wenn sich 10 Personen verabreden, mit welcher Wahrscheinlichkeit können sie zur verabredeten Zeit vom Treffpunkt los?

2. Lösung

$$B_{p=0,35;\ n=25}\ (X \geq 2) = 0,9997\ ;$$

$$P\,(\text{pünktlich am richtigen Ort}) = 0,65 \cdot 0,9 = 0,585\ ;$$

$$B_{p=0,585;\ n=10}\ (Y = 10) = 0,0047$$

3. Hinweise zur Lösung

Die Aufgabe gliedert sich in drei Fragen. Für die Beantwortung der ersten, ist es sinnvoll eine Binomialverteilung zu verwenden, da die Wahrscheinlichkeit am richtigen Ort zu sein für jede Person gleich ist. X zählt die Anzahl der Personen am falschen Ort. Gesucht ist also: $B_{p=0,35;\ n=25}\ (X \geq 2)$.

Die Beantwortung der zweiten Frage ist sehr einfach, wenn der Hinweis der Unabhängigkeit beachtet wird. In einem solchem Fall dürfen die Wahrscheinlichkeiten einfach multipliziert werden.

Für die dritte Frage sollte eine neue Zufallsvariable definiert Y werden. Y zählt die Anzahl der Personen, die Pünktlich am richtigen Ort sind. Gesucht ist dann $B_{p=0,585;\ n=10}\ (Y = 10)$.

4. Literaturempfehlung

Schira, Josef (2012): Statistische Methoden der VWL und BWL. Theorie und Praxis, 4. Auflage, München 2012, Kapitel 11.

Aufgabe 2: Binomialverteilung

Transfer, Anwenden
Bearbeitungszeit: 16 Minuten

---

1. Aufgabenstellung

Im Online-Versandhandel haben Käufer grundsätzlich ein Widerrufsrecht und können innerhalb der 14-tägigen Widerrufsfrist ihre Bestellung widerrufen und die bestellte Ware zurücksenden.

   Ein Online-Versandhändler, der über seine Website Notebooks verkauft, hat auf Basis historischer Bestelldaten herausgefunden, dass im Durchschnitt jeder 5. Kunde das Widerrufsrecht nutzt und ein bestelltes Notebook wieder zurück sendet.

   Mit Hilfe dieser Information und ein wenig Statistik soll die Anzahl der Rücksendungen in einer aktuellen Verkaufsaktion abgeschätzt werden, in der 10 Notebooks verkauft worden sind.

a) Mit welcher statistischen Verteilung kann möglicherweise die Anzahl der Rücksendungen in der aktuellen Verkaufsaktion beschrieben werden? Nennen Sie Namen und Parameter der Verteilung und erläutern Sie kurz, welche Voraussetzungen es für die Anwendung dieser Verteilung gibt und ob diese hier erfüllt sind.

b) Wie viele Rücksendungen kann der Online-Versandhändler in seiner Vertriebsaktion erwarten?

c) Wie groß ist die Wahrscheinlichkeit, dass alle Kunden das Notebook behalten und es somit keine einzige Rücksendung gibt?

d) Wie groß ist die Wahrscheinlichkeit, dass mehr als zwei Kunden ihr Notebook zurücksenden?

2. Lösung

a) Binomialverteilung mit den Parametern
   – Anzahl der Versuche n =10 (Anzahl verkaufter Notebooks)
   – Erfolgswahrscheinlichkeit π = 0,2 (jeder 5. Kunde = 1/5).

Voraussetzungen für die Anwendung einer Binomialverteilung:
   – n unabhängige Versuche (hier 10 unabhängige Käufer)
   – Erfolg oder Misserfolg in jedem Versuch
     (hier „Erfolg": Rücksendung, „Misserfolg": keine Rücksendung)
   – konstante Erfolgswahrscheinlichkeit π in jedem Versuch
     (hier: konstante Rücksendewahrscheinlichkeit von 0,2)

Wenn man hier von der durchaus plausiblen Annahme ausgeht, dass die 10 Käufer sich nicht kennen und unabhängig voneinander entscheiden, und zusätzlich annimmt, dass die Rücksendewahrscheinlichkeit in der aktuellen Verkaufsaktion nicht durch die Qualität des Notebooks beeinflusst wird, sind die Voraussetzungen der Binomialverteilung erfüllt.

b) Der Erwartungswert ist $n \cdot \pi = 10 \cdot 0,2 = 2$. Der Online-Versandhändler muss also mit 2 Rücksendungen rechnen.

c) $P(X = 0) = \binom{10}{0} \cdot 0,2^0 \cdot 0,8^{10} = 0,8^{10} \approx 0,107 \quad (10,7\%)$

d) $P(X > 2) = 1 - P(X \leq 2) = 1 - [P(X = 0) + P(X = 1) + P(X = 2)]$

$$= 1 - \left[0,107 + \binom{10}{1} \cdot 0,2^1 \cdot 0,8^9 + \binom{10}{2} \cdot 0,2^2 \cdot 0,8^8 \right]$$

$$= 1 - [0,107 + 0,268 + 0,302] = 1 - 0,677 = 0,323 \ (32,3\%)$$

<u>Hinweis:</u> Wenn man hier nicht mit gerundeten Zwischenergebnissen rechnet, erhält man das Ergebnis 0,322 oder 32,2%.

3. Hinweise zur Lösung

Die Binomialverteilung spielt in der Praxis immer dann eine wichtige Rolle, wenn ein Ereignis nur zwei Ausgänge haben kann, Erfolg oder Misserfolg. Typische Beispiele sind:

- Ein potenzieller Kunde kauft ein Produkt oder kauft es nicht.
- Ein Bestandskunde kündigt oder kündigt nicht.
- Der Umsatz eines Kunden ist im Vergleich zum Vorjahr gestiegen oder nicht.

Ein „Erfolg" im Sinne der Binomialverteilung muss dabei nicht unbedingt ein positives Ergebnis sein. Da hier die Anzahl der Rücksendungen betrachtet wird, ist im Sinne der Binomialverteilung die Rücksendung ein „Erfolg".

4. Literaturempfehlung

Fahrmeir, Ludwig et al. (2010): Statistik. Der Weg zur Datenanalyse, 7. Auflage, Berlin und Heidelberg 2010, Kapitel 5.3.1.

Zucchini, Walter et al. (2009): Statistik für Bachelor- und Masterstudenten. Eine Einführung für Wirtschafts- und Sozialwissenschaftler, Berlin 2009, Kapitel 5.2.

Aufgabe 3: Poissonverteilung

Transfer, Anwenden
Bearbeitungszeit: 35 Minuten

1. Aufgabenstellung

Zur Verbesserung des Kunden-Services hat ein Unternehmen eine kostenlose Service-Hotline eingerichtet, die acht Stunden täglich an fünf Tagen in der Woche erreichbar ist. Die Anrufe von Kunden werden in einem Call-Center entgegen genommen, dass von einem externen Anbieter betrieben wird. Der Betrag, der dem Unternehmen von diesem Anbieter in Rechnung gestellt wird, hängt von der Anzahl der Mitarbeiter ab, die für die Service-Hotline zur Verfügung gestellt werden.

Auf der einen Seite möchte das Unternehmen natürlich die Kosten der Hotline minimieren. Auf der anderen Seite soll sichergestellt sein, dass mindestens 90 % der stündlich eingehenden Anrufe tatsächlich entgegen genommen werden können. Um abschätzen zu können, wie viele Mitarbeiter für die Hotline zur Verfügung gestellt werden müssen, wurde in der ersten Woche nach Freischaltung der Hotline die stündliche Anzahl an Anrufen registriert. Dabei ergaben sich die folgenden Werte:

$$7/1/5/3/4/4/7/7/5/4/8/4/4/8/3/6/8/7/9/3/$$
$$5/2/6/9/4/5/8/3/6/3/5/2/4/3/5/5/4/6/6/2$$

a) Stellen Sie eine Häufigkeitstabelle mit den relativen Häufigkeiten der stündlichen Anrufzahlen auf und zeichnen Sie ein Säulendiagramm, das die relativen Häufigkeiten der stündlichen Anrufzahlen darstellt!

b) Gehen Sie davon aus, dass die Anzahl stündlicher Anrufe durch eine Poissonverteilung beschrieben werden kann. Ermitteln Sie den Parameter der Poissonverteilung und geben Sie die Wahrscheinlichkeitsfunktion an!

c) Bestimmen Sie den Erwartungswert der Poissonverteilung. Wie ist dieser Wert hier zu interpretieren?

d) Berechnen Sie mit Hilfe der unter b) ermittelten Poissonverteilung die Wahrscheinlichkeiten für alle tatsächlich beobachteten Anzahlen stündlicher Anrufe und zeichnen Sie diese mit in Ihre Zeichnung aus a) ein!

e) Der Geschäftsführer des externen Anbieters geht davon aus, dass seine Mitarbeiter pro Stunde maximal 7 Anrufe bearbeiten können. Wie groß ist die Wahrscheinlichkeit, dass in einer Stunde nicht alle Anrufe entgegen genommen werden können? Wie viele Mitarbeiter sollten also für die Hotline zur Erreichung der oben genannten Ziele zur Verfügung gestellt werden?

2. Lösung

a) Häufigkeitstabelle:

Tab. 18. Häufigkeitstabelle zu den stündlichen Anrufen

x_i	0	1	2	3	4	5	6	7	8	9
h_i	0	1	3	6	8	7	5	4	4	2
f_i	0	0,025	0,075	0,15	0,2	0,175	0,125	0,1	0,1	0,05

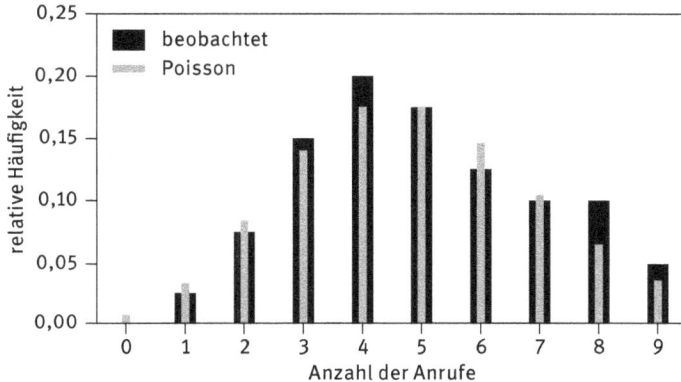

Abb. 17. Säulendiagramm (bereits mit den eingezeichneten Wahrscheinlichkeiten der in den Folgeaufgaben angepassten Poisson-Verteilung)

b) Die Daten können durch eine Poissonverteilung beschrieben werden. Der Parameter wird durch den Mittelwert der Daten geschätzt:

$$\hat{\lambda} = \bar{x} = 5$$

Damit ergibt sich die Wahrscheinlichkeitsfunktion:

$$P(x) = \begin{cases} \dfrac{\lambda^x \cdot e^{-\lambda}}{x!} = \dfrac{5^x \cdot e^{-5}}{x!} & \text{für} \quad x = 0, 1, 2, \ldots \\ 0 & \text{sonst} \end{cases}$$

c) Der Erwartungswert beschreibt hier die durchschnittliche erwartete stündliche Anzahl an Anrufen im Call-Center.

$$E(X) = \text{Var}(X) = \lambda = 5$$

d) Beispielhafte Berechnung:

$$P(X = 0) = \frac{5^0 \cdot e^{-5}}{0!} \approx 0,007 \qquad P(X = 1) = \frac{5^1 \cdot e^{-5}}{1!} \approx 0,034 \qquad \text{usw.}$$

Auf diese Weise erhält man die folgenden Wahrscheinlichkeiten:

Tab. 19. Ermittelte Wahrscheinlichkeiten

0	1	2	3	4	5	6	7	8	9
0,007	0,034	0,084	0,140	0,175	0,175	0,146	0,104	0,065	0,036

e) Wenn pro Stunde bis zu 7 Anrufe bearbeitet werden können, ist die Wahrscheinlichkeit zu berechnen, dass mehr als 7 Anrufe eintreten:

$$P(X > 7) = 1 - P(X \leq 7) = 1 - [P(0) + P(1) + \ldots + P(7)] = 1 - 0,867 = 0,133$$

Die Wahrscheinlichkeit, dass nicht alle Anrufe angenommen werden können, beträgt 13,3 %. Mit einem Mitarbeiter kann also das Ziel, dass im Durchschnitt mindestens 90 % der eingehenden Anrufe bearbeitet werden, nicht erreicht werden, so dass zwei Mitarbeiter für die Service-Hotline zur Verfügung gestellt werden müssen.

3. Hinweise zur Lösung

Bei Fragestellungen wie in Aufgabenteil e) sollte stets überlegt werden, ob die gesuchte Wahrscheinlichkeit möglicherweise über die sogenannte Gegenwahrscheinlichkeit berechnet werden kann.

Wäre beispielsweise die Wahrscheinlichkeit gefragt, dass pro Stunde mindestens 3 Anrufe eintreffen, lässt sich diese Wahrscheinlichkeit natürlich als $P(3) + P(4) + \ldots + P(9)$ berechnen. Schneller wäre jedoch die Berechnung über die Gegenwahrscheinlichkeit, dass maximal 2 Anrufe pro Stunde eintreffen:

$$P(X \geq 3) = 1 - P(X < 3) = 1 - [P(0) + P(1) + P(2)]$$

Beachten Sie auch, dass es einen direkten Zusammenhang zwischen der Poissonverteilung und der Exponentialverteilung gibt. Wenn das Auftreten von bestimmten Ereignissen einer Poissonverteilung folgt, dann ist die Zeit zwischen zwei Ereignissen exponentialverteilt. Im konkreten Beispiel gilt für die Anzahl von Anrufen je Stunde eine Poissonverteilung; damit folgt die Zeit zwischen zwei Anrufen einer Exponentialverteilung.

4. Literaturempfehlung

Fahrmeir, Ludwig et al. (2010): Statistik. Der Weg zur Datenanalyse, 7. Auflage, Berlin und Heidelberg 2010, Kapitel 5.3.3.

Zucchini, Walter et al. (2009): Statistik für Bachelor- und Masterstudenten. Eine Einführung für Wirtschafts- und Sozialwissenschaftler, Berlin 2009, Kapitel 5.4.

4.2.2 Stetige Verteilungen

Aufgabe 1: Normalverteilung und Einsatz der Binomialverteilung

Wissen, Transfer, Anwenden
Bearbeitungszeit: 15 Minuten

1. Aufgabenstellung

Bei der Planung einer Regatta wird auf Winddaten der Vergangenheit zurückgegriffen. Man weiß, dass der Wind zum Regattazeitpunkt im Durchschnitt vergangener Jahre mit 12 Knoten weht. Dabei ist von einer Standardabweichung von 4 Knoten bei Normalverteilung zu rechnen. Die Regatta geht über 8 Tage. Damit man am Ende einen Sieger benennen kann, muss an mindestens 5 Tagen der Wind mit 10–16 Knoten wehen. Wie lang muss der Regattazeitraum mindestens gewählt werden, damit mit mindestens 80 % Wahrscheinlichkeit ein Gewinner ermittelt werden kann (näherungsweise).

2. Lösung

Die Zufallsvariable X liefert die Windgeschwindigkeit. Mit μ = 12 (Erwartungswert) und σ = 4 (Standardabweichung) ist $P(10 \leq X \leq 16)$ = 0,5328. Die Zufallsvariable Y zählt die Anzahl der Tage, an denen der Wind zwischen 10 und 16 Konten bläst. Y ist Binomialverteilt mit p = 0,5328. Gesucht ist n, wenn $P(Y \geq 5) \geq 0,8$. Für n = 8 ist $P(Y \geq 5)$ = 0,4393. Probieren führt für n =11 auf P $(Y \geq 5)$ = 0,7946 und für n = 12 auf $P(Y \geq 5)$ = 0,86. Damit sollte die Regatta besser 11 bis 12 Tage dauern.

3. Hinweise zur Lösung

Berechnet wird zunächst die Wahrscheinlichkeit, dass der Wind eine Geschwindigkeit zwischen 10 und 14 Knoten hat. Dieses kann mit einer Normalverteilung, wie im Text angedeutet, geschehen. Die Wahrscheinlichkeit, dass der Wind so weht ist für jeden Tag gleich und auch unabhängig von Vortag. Also handelt es sich bei der Berechnung der Tage um ein Binomialverteiltes Zufallsexperiment.

4. Literaturempfehlung

Schira, Josef (2012): Statistische Methoden der VWL und BWL. Theorie und Praxis, 4. Auflage, München 2012, Kapitel 11.

Aufgabe 2: Normalverteilung

Transfer, Anwenden
Bearbeitungszeit: 30 Minuten

1. Aufgabenstellung

Wegen der aktuell niedrigen Zinsen und des gleichzeitigen Hochs am Aktienmarkt haben Sie Ihr Tagesgeldkonto aufgelöst und Ihr Vermögen in die Aktien eines großen Sportartikel-Herstellers investiert. Da Ihnen vor dem Kauf nur wenige Informationen über den Verlauf des Aktienkurses vorlagen, haben Sie in den zwölf Wochen nach dem Kauf der Aktien die wöchentliche Veränderung des Aktienkurses in % ermittelt:

$$-0,011/-0,152/1,434/1,566/1,354/2,105/$$
$$0,434/0,836/0,605/0,783/0,580/-1,603$$

Häufig wird (vereinfachend) angenommen, dass Aktienrenditen annähernd normalverteilt sind.

a) Überprüfen Sie die Annahme einer Normalverteilung, indem Sie ein Histogramm der Daten zeichnen mit den Klassen $[-2; -1)$, $[-1; 0)$, $[0; 1)$, $[1; 2)$, $[2; 3]$. Hinweis: Es genügt in diesem Fall, wenn Sie an der y-Achse die absoluten Häufigkeiten abtragen, weil alle Klassen dieselbe Breite haben.

b) Schätzen Sie die Parameter der Normalverteilung aus den Daten! Runden Sie die Ergebnisse auf zwei Nachkommastellen. Wie groß ist die erwartete wöchentliche Entwicklung des Aktienkurses?

c) Wie groß ist auf Grundlage der angepassten Normalverteilung die Wahrscheinlichkeit, dass der Aktienkurs innerhalb der nächsten Woche zwischen 1 % und 2 % steigt?

d) Wie groß ist auf Grundlage der angepassten Normalverteilung die Wahrscheinlichkeit, dass der Aktienkurs innerhalb der nächsten Woche sinkt?

e) Wie groß ist der 95 %-Value-at-Risk, also der Verlust, der mit einer Wahrscheinlichkeit von 95 % nicht überschritten wird?

2. Lösung

a)

Tab. 20. Häufigkeitstabelle der Normalverteilung

Klasse	$[-2; -1)$	$[-1; 0)$	$[0; 1)$	$[1; 2)$	$[2; 3]$
abs. Hfkt.	1	2	5	3	1

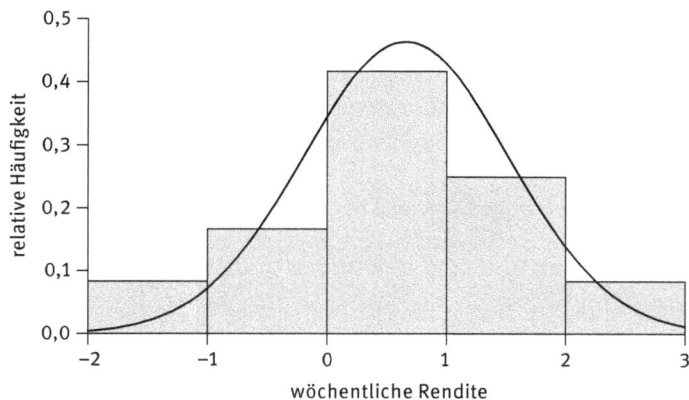

Abb. 18. Histogramm (hier schon mit angepasster Normalverteilung)

b) Die Parameter der Normalverteilung werden durch Mittelwert und Varianz der Daten geschätzt!

$$\hat{\mu} = \bar{x} = \frac{-0{,}011 + (-0{,}152) + \ldots + (-1{,}603)}{12} \approx 0{,}66$$

$$\hat{\sigma}^2 = S^2 = \frac{[(-0{,}011) - 0{,}66]^2 + [(-0{,}152) - 0{,}66]^2 + \ldots + [(-1{,}603) - 0{,}66]^2}{12}$$

$$\approx 0{,}86$$

Der Erwartungswert ist gleich dem Parameter μ der Normalverteilung. Hier erwartet man also eine durchschnittliche wöchentliche Wertsteigerung von 0,66 %.

c) $$P(1 \leq X \leq 2) = F(2) - F(1) = \Phi\left(\frac{2 - 0{,}66}{\sqrt{0{,}86}}\right) - \Phi\left(\frac{1 - 0{,}66}{\sqrt{0{,}86}}\right)$$

$$= \Phi(1{,}44) - \Phi(0{,}37) = 0{,}93 - 0{,}64 = 0{,}29$$

d) $$P(X < 0) = F(0) = \Phi\left(\frac{0 - 0{,}66}{\sqrt{0{,}86}}\right) = \Phi(-0{,}71) = 0{,}24$$

e) Zur Bestimmung des 95 %-Value-at-Risk muss das 5 %-Quantil der angepassten Normalverteilung bestimmt werden. Dies erfolgt über das 5 %-Quantil der Standard-Normalverteilung, das aus der Verteilungstabelle abgelesen werden kann.

$$F(q) = \Phi\left(\frac{q - 0{,}66}{\sqrt{0{,}86}}\right) = 0{,}05 \quad \Rightarrow \quad \frac{q - 0{,}66}{\sqrt{0{,}86}} = -1{,}64$$

$$\Rightarrow \quad q = -1{,}64 \cdot \sqrt{0{,}86} + 0{,}66 = -0{,}86$$

Mit einer Wahrscheinlichkeit von 95 % wird ein wöchentlicher Verlust von −0,86 % nicht überschritten.

3. Hinweise zur Lösung

Die Werte der Verteilungsfunktion der Standardnormalverteilung, wie sie beispielsweise in den Aufgabenteilen c) bis e) benötigt werden, können entweder mit Hilfe einer Statistik-Software (oder auch Excel) berechnet oder aus der im Anhang gegebenen Tabelle abgelesen werden.

Der Value-at-Risk ist ein wichtiges Konzept in der Finanzwirtschaft. Für eine weitere Beschäftigung mit diesem Thema wird auf die einschlägige Literatur verwiesen.

4. Literaturempfehlung

Fahrmeir, Ludwig et al. (2010): Statistik. Der Weg zur Datenanalyse, 7. Auflage, Berlin und Heidelberg 2010, Kapitel 6.3.1.

Zucchini, Walter et al. (2009): Statistik für Bachelor- und Masterstudenten. Eine Einführung für Wirtschafts- und Sozialwissenschaftler, Berlin 2009, Kapitel 6.3. Für den Value-at-Risk siehe auch Seite 128 f.

Aufgabe 3: Exponentialverteilung

Transfer, Anwenden
Bearbeitungszeit: 30 Minuten

1. Aufgabenstellung

Eine Maschine zur Herstellung von Limonade enthält ein anfälliges Spezialbauteil, das häufig sehr plötzlich ausfällt und dann durch ein neues Bauteil ersetzt werden muss. Der Produktionsleiter stellt mit Erschrecken fest, dass kein Ersatz-Bauteil mehr auf Lager ist, so dass ein Ausfall des aktuellen Bauteils zu einem Stillstand der Produktion führen würde.

Dieses Bauteil kann nur von einem Lieferanten bezogen werden, und die Lieferzeit beträgt in der Regel 1 Woche. Es besteht allerdings die Möglichkeit einer Express-Lieferung innerhalb von 3 Tagen, die jedoch zusätzliche Kosten verursachen würde.

Um abschätzen zu können, ob die Investition in die Express-Lieferung notwendig ist, bittet Sie der Produktionsleiter, eine statistische Untersuchung der Lebensdauer des entsprechenden Bauteils durchzuführen. Zu diesem Zweck stellt er Ihnen die folgenden Daten zur Verfügung, welche die beobachtete Lebensdauer des entsprechenden Bauteils in Wochen angeben:

$$5,23/1,10/1,74/0,53/3,78/1,59/2,55/0,32/0,67/2,49$$

Hinweis: Gehen Sie im Folgenden davon aus, dass auch am Wochenende gearbeitet wird, eine Woche also sieben Arbeitstage umfasst!

a) Welche Verteilung kann theoretisch zur Beschreibung der Lebensdauer des Maschinenbauteils verwendet werden?

b) Zeichnen Sie ein Histogramm der Daten! Verwenden Sie dazu die Klasseneinteilung $[0; 1)$, $[1; 2)$, $[2; 3)$, $[3; 4)$ sowie $[4; 6]$ und tragen Sie an der y-Achse die relativen Häufigkeiten geteilt durch die Klassenbreite ab! Wird Ihre Verteilungsannahme aus a) durch das Histogramm bestätigt?

c) Ermitteln Sie den Parameter einer Exponentialverteilung für diese Daten und geben Sie die Dichtefunktion und die Verteilungsfunktion an!

d) Zeichnen Sie die Dichtefunktion skizzenhaft in das Histogramm aus b) ein!

e) Wie groß ist die erwartete Lebensdauer des Bauteils?

f) Wie groß ist die Wahrscheinlichkeit, dass die normale Lieferung des neuen Bauteils nicht rechtzeitig kommt, das aktuelle Bauteil also weniger als 7 Tage hält? Wie groß ist die Wahrscheinlichkeit, dass auch die Express-Lieferung nicht rechtzeitig kommt?

g) Für welche Lieferungsart entscheiden Sie sich unter Berücksichtigung der Ergebnisse in e) und f)?

2. Lösung

a) Zur Beschreibung von Lebensdauern eignet sich häufig die Exponentialverteilung.

b) Häufigkeitstabelle:

Tab. 21. Häufigkeitstabelle der Exponentialverteilung

Klasse	$[0; 1)$	$[1; 2)$	$[2; 3)$	$[3; 4)$	$[4; 6]$
abs. Hfkt.	3	3	2	1	1
rel. Hfkt.	0,3	0,3	0,2	0,1	0,1
rel. Hfkt./Klassenbreite	0,3	0,3	0,2	0,1	0,05

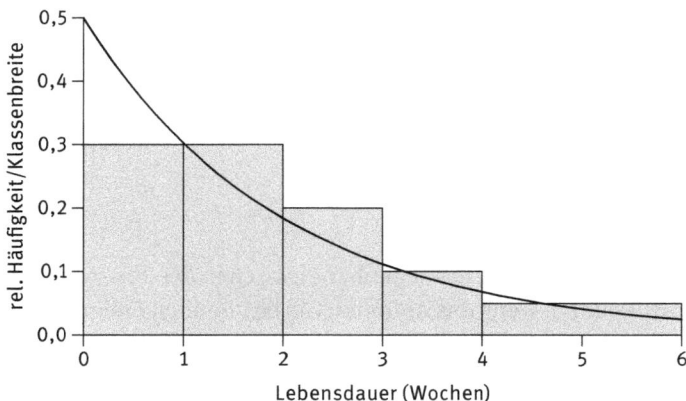

Abb. 19. Histogramm (bereits mit eingezeichneter Exponential-Verteilung)

Das Histogramm zeigt (auch ohne die bereits eingezeichnete Exponentialverteilung), dass eine Exponentialverteilung tatsächlich zur Beschreibung der Daten geeignet sein könnte.

c) Der Parameter der Exponentialverteilung wird als Kehrwert des Mittelwertes der Daten geschätzt:

$$\bar{x} = \frac{5,23 + 1,10 + \ldots + 2,49}{10} = \frac{20}{10} = 2 \quad \Rightarrow \quad \hat{\lambda} = \frac{1}{\bar{x}} = \frac{1}{2} = 0,5$$

Damit ergibt sich die Dichtefunktion:

$$f(x) = \begin{cases} \lambda \cdot e^{-\lambda x} = 0,5 \cdot e^{-0,5x} & \text{für} \quad x \geq 0 \\ 0 & \text{sonst} \end{cases}$$

Mit der Verteilungsfunktion:

$$F(x) = \begin{cases} 1 - e^{-\lambda x} = 1 - e^{-0,5x} & \text{für} \quad x \geq 0 \\ 0 & \text{sonst} \end{cases}$$

d) Siehe Zeichnung in Aufgabenteil b)!

e) Berechnung von Erwartungswert und (zusätzlich) Varianz:

$$E(X) = \frac{1}{\lambda} = \frac{1}{0,5} = 2 \quad \text{Var}(X) = \frac{1}{\lambda^2} = \frac{1}{0,5^2} = \frac{1}{0,25} = 4$$

f) Hier ist zu beachten, dass die Aufgabenstellung in Tagen gegeben ist, sich die Exponentialverteilung aber auf Wochen bezieht. 7 Tage entsprechen 1 Woche, 3 Tage entsprechen 3/7 Wochen.

$$P(X < 1) = F(1) = 1 - e^{-0,5 \cdot 1} = 1 - e^{-0,5} \approx 0,39$$

$$P\left(X < \frac{3}{7}\right) = F\left(\frac{3}{7}\right) = 1 - e^{-0,5 \cdot \frac{3}{7}} = 1 - e^{-\frac{3}{14}} \approx 0,19$$

g) Hier wäre es wohl sinnvoll, die Express-Lieferung zu wählen, da die Wahrscheinlichkeit eines Produktionsausfalls bei normaler Lieferung mit 39 % recht groß ist (auch wenn die erwartete durchschnittliche Lebensdauer des Bauteils 2 Wochen beträgt).

3. Hinweise zur Lösung

Beachten Sie auch hier den direkten Zusammenhang zwischen der Poissonverteilung und der Exponentialverteilung. Wenn das Auftreten von bestimmten Ereignissen einer Poissonverteilung folgt, dann ist die Zeit zwischen zwei Ereignissen exponentialverteilt. Im konkreten Beispiel ist die Lebensdauer eines Bauteils in Wochen exponentialverteilt. Damit folgt die Anzahl der Ausfälle des Bauteils pro Woche einer Poissonverteilung.

Die Exponentialverteilung ist häufig auch zur Beschreibung der Zeit zwischen bestimmten Naturereignissen geeignet, beispielsweise zur Beschreibung der Zeit zwischen zwei aufeinanderfolgenden Erdbeben oder Tsunamis.

4. Literaturempfehlung

Fahrmeir, Ludwig et al. (2010): Statistik. Der Weg zur Datenanalyse, 7. Auflage, Berlin und Heidelberg 2010, Kapitel 6.1 und Kapitel 6.2.
Zucchini, Walter et al. (2009): Statistik für Bachelor- und Masterstudenten. Eine Einführung für Wirtschafts- und Sozialwissenschaftler, Berlin 2009, Kapitel 6.2.

4.3 Grundlagen der Zeitreihenanalyse

Aufgabe 1: Klassische Zeitreihenanalyse

Wissen
Bearbeitungszeit: 15 Minuten

1. Aufgabenstellung

Erläutern Sie in wenigen Sätzen – gegebenenfalls auch mit Angabe einer Formel – was ein gleitender Mittelwert ist und zu welchem Zweck er in der Zeitreihenanalyse eingesetzt wird. Erläutern Sie wenn möglich auch Besonderheiten, die sich bei Zeitreihen mit saisonalen Schwankungen ergeben.

2. Lösung

Gleitende Mittelwerte werden in der Zeitreihenanalyse dazu verwendet, eine Zeitreihe zu glätten und auf diese Weise den Trend einer Zeitreihe zu bestimmen.

Ein (einfacher) gleitender Mittelwert ist ein Mittelwert aus einer vorgegebenen Anzahl an Werten, der mit der Zeit verschoben wird. Das bedeutet, dass sich die Werte, die in den Mittelwert eingehen, mit der Zeit ändern; alte Werte werden nicht mehr berücksichtigt, neue Werte dagegen in den Mittelwert aufgenommen.

Die einfache Formel für den gleitenden Mittelwert lautet:

$$T_t = \frac{X_{t-a} + \ldots + X_{t-1} + X_t + X_{t+1} + \ldots + X_{t+a}}{2a + 1}$$

Beispielsweise werden für $a = 2$ zur Berechnung des gleitenden Mittelwerts im Zeitpunkt t jeweils noch die beiden Zeitreihen-Werte vor und nach t hinzugezogen:

$$\text{für } a = 2: T_t = \frac{X_{t-2} + X_{t-1} + X_t + X_{t+1} + X_{t+2}}{5}$$

Grundsätzlich gilt, dass größere Werte von *a* zu einer stärkeren Glättung der Zeitreihe führen.

In der einfachen Formel des gleitenden Mittelwerts erhält jeder Wert, der in die Berechnung des Mittelwertes eingeht, das gleiche Gewicht, für *a* = 2 zum Beispiel das Gewicht 1/5. Dieses Vorgehen eignet sich nur für Zeitreihen, die keinen saisonalen Schwankungen unterliegen.

Bei der Berechnung des Trends einer Zeitreihe mit Saisonschwankungen muss man dagegen beachten, dass jede Saison mit demselben Gewicht in den gleitenden Mittelwert eingeht, damit die saisonalen Schwankungen vollständig aus dem Trend eliminiert werden. Für eine Zeitreihe mit Quartalsdaten beispielsweise sollte man die folgende Formel verwenden:

$$T_t = \frac{1X_{t-2} + 2X_{t-1} + 2X_t + 2X_{t+1} + 1X_{t+2}}{8} = \frac{1}{8}X_{t-2} + \frac{1}{4}X_{t-1} + \frac{1}{4}X_t + \frac{1}{4}X_{t+1} + \frac{1}{8}X_{t+2}$$

Auf diese Weise geht jedes Quartal mit dem Gewicht $\frac{1}{4}$ in die Berechnung des gleitenden Mittelwertes ein, so dass der Trend keine saisonalen Schwankungen mehr aufweist.

3. Hinweise zur Lösung

Die vorgestellte Lösung ist relativ umfangreich. In der Klausur hätte auch eine etwas kürzere Beschreibung für die volle Punktzahl ausreichen können.

Weitere Details zu gleitenden Mittelwerten finden Sie in den Literaturempfehlungen. Dort können Sie auch nachlesen, dass es neben den hier vorgestellten zentrierten gleitenden Mittelwerten auch nicht zentrierte gleitende Mittelwerte gibt, die beispielsweise zur Trend-Analyse bei Aktienkursen verwendet werden.

4. Literaturempfehlung

Bourier, Günther (2014): Beschreibende Statistik. Praxisorientierte Einführung – Mit Aufgaben und Lösungen, 12. Auflage, Wiesbaden 2014, Kapitel 6.
Zucchini, Walter et al. (2009): Statistik für Bachelor- und Masterstudenten. Eine Einführung für Wirtschafts- und Sozialwissenschaftler, Berlin 2009, Kapitel 13.1.

Aufgabe 2: Extrapolierende Prognose mit der Zeitreihenanalyse

Anwenden
Bearbeitungszeit: 15 Minuten

1. Aufgabenstellung

Im ersten Halbjahr konnte ein Betrieb folgende Verkaufszahlen für seinen Betrieb ermitteln:

Tab. 22. Übersichtstabelle zu den Verkaufszahlen

Monat t:	1	2	3	4	5	6	7
Istwert x_t:	10	11	12	8	14	16	

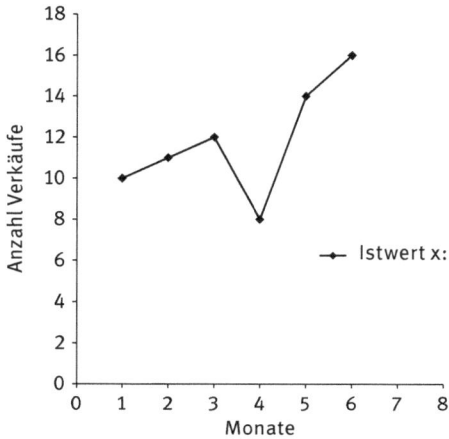

Abb. 20. Entwicklung der Verkaufszahlen

Erstellen Sie mit Hilfe der folgenden Prognosetechniken eine Prognose der Verkaufszahlen für den Monat 7:

a) Gewogener Mittelwert. Es ist ein Informationsverlust von: 10 % pro Monat zu be-
    rücksichtigen.

Tab. 23. Mit den Werten für die gewogenen Mittelwerte zu befüllende Tabelle

Monat t:	1	2	3	4	5	6	7
Istwert x_t:	10	11	12	8	14	16	
$x_t a_t$							$X_{\text{gew},7} = \sum\limits_{t=1}^{6} x_t a_t$
G_t							$\sum\limits_{t=1}^{6} G_t =$
a_t							$\sum\limits_{t=1}^{6} a_t =$

b) Verfahren der gleitenden Durchschnitte, zu berücksichtigen ist der gleitende
    Durchschnitt über jeweils drei Werte. Tragen Sie die Werte in die folgende Tabelle
    ein:

Tab. 24. Mit den Werten für die gleitenden Durchschnitte zu befüllende Tabelle

Monat t:	1	2	3	4	5	6	7
Istwert x_t:	10	11	12	8	14	16	
Gleitender Durchschnitt D_t							

c) Exponentielle Glättung 1. Ordnung mit dem Glättungsfaktor $\alpha = 0{,}6$.

Tab. 25. Mit den Werten für das Niveau zu befüllende Tabelle

Monat t:	1	2	3	4	5	6	7
Istwert x_t:	10	11	12	8	14	16	
Niveau N_t							

2. Lösung

a) Der gewogene Mittelwert ergibt sich durch:

Tab. 26. Gefüllte Tabelle zu den gewogenen Mittelwerten

Monat t:	1	2	3	4	5	6	7
Istwert x_t:	10	11	12	8	14	16	
$x_t a_t$	0,89	1,22	1,67	1,39	3,04	4,34	$X_{\text{gew},7} = \sum\limits_{t=1}^{6} x_t a_t$
G_t	6,87 %	8,59 %	10,74 %	13,42 %	16,78 %	20,97 %	$\sum\limits_{t=1}^{6} G_t =$
a_t	8,88 %	11,10 %	13,88 %	17,35 %	21,68 %	27,11 %	$\sum\limits_{t=1}^{6} a_t =$

b) Verfahren der gleitenden Durchschnitte, zu berücksichtigen ist der gleitende Durchschnitt über jeweils drei Werte.

Tab. 27. Gefüllte Tabelle mit den gleitenden Durchschnitten

Monat t:	1	2	3	4	5	6	7
Istwert x_t:	10	11	12	8	14	16	
Gleitender Durchschnitt D_t		11	10,33	11,33	12,67		

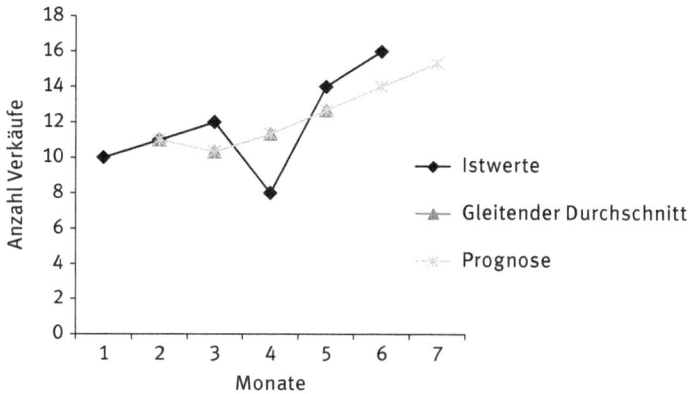

Abb. 21. Entwicklung der Verkaufszahlen mit Prognose

c) Exponentielle Glättung 1. Ordnung mit dem Glättungsfaktor $a = 0{,}6$.

Tab. 28. Gefüllte Tabelle zu zu der exponentiellen Glättung 1. Ordnung

Monat t:	1	2	3	4	5	6	7
Istwert x_t:	10	11	12	8	14	16	
Niveau N_t	10	10	10,60	11,44	9,38	12,15	14,46

3. Hinweise zur Lösung

a) Der gewogene Mittelwert ergibt sich durch:

$$\bar{x}_{\text{gew}} = \sum_{t=1}^{n} x_t a_t$$

Der Anteil a_t des Wertes x_t einer Periode ergibt sich durch:

$$a_t = \frac{G_t}{\sum_{t=1}^{n} G_t}$$

Der Gewichtungsfaktor der Periode t ist hierbei G_t.

b) Ein gleitender Durchschnitt D_t wird errechnet durch:

$$D_t = \frac{(x_{t-a} + x_{t-a+1} + \ldots + x_t + x_{t+1} + \ldots + x_{t+a})}{(2a + 1)}$$

Der Wert für D_2 ergibt sich mit $D_2 = \frac{(10+11+12)}{3} = 11$

c) Beim exponentiellen Glätten wird der Schätzer für das Niveau N eingesetzt, um den Trend der Zeitreihe zu schätzen. Es gilt:

$$N_1 = x_1$$
$$N_t = \alpha x_t + (1 - \alpha)N_{t-1} \quad \text{für} \quad t = 2, 3, \ldots, n \,.$$

Für den Glättungsparameter gilt:

$$0 \leq \alpha \leq 1$$

Der Wert für N_2 ergibt sich mit $N_2 = 0{,}6 \cdot 11 + (1 - 0{,}6) \cdot 10 = 10{,}60$

4. Literaturempfehlung

Zucchini, Walter et al. (2009): Statistik für Bachelor- und Masterstudenten. Eine Einführung für Wirt-
schafts- und Sozialwissenschaftler, Heidelberg 2009, S. 410 ff.
Mensch, Gerhard (2008): Finanz-Controlling. Finanzplanung und -kontrolle, 2. Auflage, München
2008, S. 71 ff.

Aufgabe 3: Trendberechnung/Methode der kleinsten Quadrate

Wissen
Bearbeitungszeit: 15 Minuten

1. Aufgabenstellung

Der Umsatz eines Unternehmens entwickelte sich in sieben aufeinanderfolgenden
Jahren wie folgt:

Tab. 29. Übersichtstabelle der Umsätze

Jahr	2007	2008	2009	2010	2011	2012	2013
Umsatz [Mio. €]	87	113	115	117	118	130	128

Bestimmen Sie eine zur Prognose geeignete Trendfunktion nach dem Kriterium der
kleinsten Quadrate (Regressionsgerade) und prognostizieren Sie den Umsatz für das
Jahr 2014!

2. Lösung

Tab. 30. Tabelle der transponierten Daten

Jahr	1	2	3	4	5	6	7
Umsatz [Mio. €]	87	113	115	117	118	130	128

$$\text{Umsatz}(t) = 92{,}5714 + 5{,}71428 \cdot t$$

$$\text{Umsatz}(2014) = \text{Umsatz}(8) = 138{,}2857 \approx 138 \text{ Mio } €$$

3. Hinweise zur Lösung

In der Regel ist es sinnvoll zunächst den Zusammenhang in einem Streudiagramm zu visualisieren. Ist ein linearer Zusammenhang zu vermuten, dann kann eine Trendfunktion nach dem Kriterium der kleinsten Quadrate bestimmt werden. Sinnvollerweise werden die Zeitpunkte linear transformiert, das heißt, der erste Zeitpunkt wird mit 1 bezeichnet. Die anderen entsprechend. Dabei ist zu beachten, dass falls für einen Zeitpunkt keine Daten vorhanden sind dieses auch in der Transformation berücksichtigt werden muss.

Es soll eine lineare Funktion $f(x) = a + bx$ bestimmt werden, so dass für einen Zeitpunkt $x = 2014 = 8$ ein geschätzter Umsatz berechnet werden kann. Dazu müssen die Koeffizienten a und b in geeigneter Weise bestimmt werden.

Dazu wird zum einen die Kovarianz $COV(X, Y)$ und zum anderen die Standardabweichungen der Zeitreihe $VAR(X)$ bestimmt. Es gilt:

$$b = \frac{COV(X, Y)}{VAR(X)} \quad \text{und} \quad a = \bar{y} - b \cdot \bar{x}$$

4. Literaturempfehlung

Schira, Josef (2012): Statistische Methoden der VWL und BWL. Theorie und Praxis, 4. Auflage, München 2012, Kapitel 3 und Kapitel 4.

4.4 Regressionsanalyse und Konfidenzintervalle

Aufgabe 1: Korrelation ordinalskalierter Daten

Verstehen
Bearbeitungszeit: 15 Minuten

1. Aufgabenstellung

Beim Skisprung gibt es zwei Wertungen. Zum einen wird die Weite bewertet und zum anderen gibt es eine Haltungsnote (maximal 5 Mal 20 Punkte). Prüfen Sie die These: Je perfekter der Sprung umso weiter der Flug.

Tab. 31. Übersicht der Weitenmeter und Haltungsnoten

Springer	Weite	Haltungsnote
1	189	95
2	178	80
3	196	88
4	203	92
5	201	87
6	195	78
7	204	94
8	179	91
9	185	90

2. Lösung

Tab. 32. Rangordnung der Springer nach Weitenmeter und Haltungsnoten

Springer	Rang (W)	Rang (H)
1	6	1
2	9	8
3	4	6
4	2	3
5	3	7
6	5	9
7	1	2
8	8	4
9	7	5

Da keine Bindungen vorliegen, ist:

$$r^{\mathrm{SP}}_{\mathrm{Weite;Note}} = \frac{\mathrm{COV\,(Weite;\,Note)}}{\sqrt{\mathrm{VAR\,(Weite)} \cdot \mathrm{VAR\,(Note)}}} = 0,38\,.$$

Es besteht nur eine schwache Korrelation.

3. Hinweise zur Lösung

Bei Korrelationen ordinalskalierter Daten, wie zum Beispiel Noten, müssen die Daten in Rangzahlen überführt werden. Dazu muss eine notwendigerweise eine These formuliert werden, die eine Vermutung über den Zusammenhang aufstellt. Enthält der Datensatz wenige Bindungen, so kann der Korrelationskoeffizient vereinfacht nach Spearman berechnet werden. Sonst muss das Verfahren nach Pearson benutz werden.

4. Literaturempfehlung

Schira, Josef (2012): Statistische Methoden der VWL und BWL. Theorie und Praxis, 4. Auflage, München 2012, Kapitel 3.

Aufgabe 2: Korrelations- und Regressionsanalyse

Transfer, Anwenden
Bearbeitungszeit: 30 Minuten

1. Aufgabenstellung

Der Leiter eines großen Supermarktes möchte den Einfluss des Verkaufspreises einer neuen Biersorte auf die Verkaufszahl untersuchen. Zu diesem Zweck bietet er die Biersorte in 5 aufeinander folgenden Wochen zu 5 unterschiedlichen Verkaufspreisen an und erhebt die dazugehörigen Verkaufszahlen. Das Ergebnis zeigt die folgende Tabelle:

Tab. 33. Wöchentliche Verkaufspreise und -zahlen

Woche	1	2	3	4	5
Verkaufspreis (€/Kasten)	12,5	11,5	9,5	10,0	11,5
Verkaufszahl (Anzahl Kästen)	25	30	45	40	35

a) Erstellen Sie ein x-y-Diagramm der vorliegenden Daten, indem Sie den Verkaufspreis an der x-Achse und die Verkaufszahl an der y-Achse abtragen. Beschränken Sie dabei die x-Achse auf den Bereich von 9 bis 13 und die y-Achse auf den Bereich von 20 bis 50!

b) Berechnen Sie für beide Merkmale jeweils Mittelwert und Varianz.

c) Berechnen Sie den Korrelationskoeffizienten für die Merkmale Verkaufspreis und Verkaufszahl und erläutern Sie in einem Satz, was das Ergebnis aussagt.

d) Bestimmen Sie die Regressionsgerade, die den Zusammenhang zwischen Verkaufspreis und Verkaufszahl beschreibt.
    Hinweis: Falls Sie Aufgabenteil d) nicht lösen konnten, verwenden Sie für die folgenden Aufgabenteile die Gerade: $\hat{y} = 103{,}75 - 6{,}25 \cdot x$.

e) Zeichnen Sie die Regressionsgerade in die Grafik aus Aufgabenteil a) ein.

f) Der Bierhersteller hat für die neue Biersorte eine unverbindliche Preisempfehlung von 11,80 € gegeben. Mit welcher Verkaufszahl kann der Leiter des Supermarktes mit diesem Verkaufspreis rechnen?

2. Lösung

a)

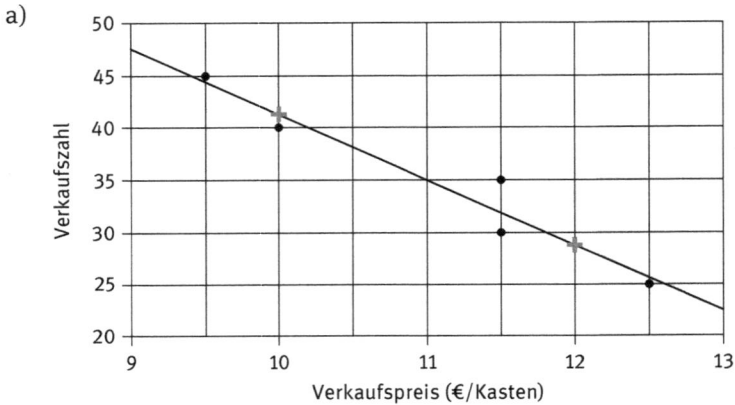

Abb. 22. Regressionsanalyse

b) $\bar{x} = \dfrac{12,5 + 11,5 + 9,5 + 10 + 11,5}{5} = 11$

$S_x^2 = \dfrac{(12,5 - 11)^2 + (11,5 - 11)^2 + \ldots + (11,5 - 11)^2}{5} = 1,2$

$\bar{y} = \dfrac{25 + 30 + 45 + 40 + 35}{5} = 35$

$S_y^2 = \dfrac{(25 - 35)^2 + (30 - 35)^2 + \ldots + (35 - 35)^2}{5} = 50$

c) $\displaystyle\sum_{i=1}^{n} x_i \cdot y_i = 12,5 \cdot 25 + 11,5 \cdot 30 + \ldots + 11,5 \cdot 35 = 1.887,5$

$r = \dfrac{\sum_{i=1}^{n} x_i \cdot y_i - n \cdot \bar{x} \cdot \bar{y}}{n \cdot \sqrt{S_x^2 \cdot S_y^2}} = \dfrac{1887,5 - 5 \cdot 11 \cdot 35}{5 \cdot \sqrt{1,2 \cdot 50}} \approx -0,97$

Es gibt einen sehr starken negativen linearen Zusammenhang zwischen Verkaufspreis und Verkaufszahl.

d) Die meisten Werte für die Formel sind schon in b) und c) berechnet worden!

$\displaystyle\sum_{i=1}^{n} x_i^2 = 12,5^2 + 11,5^2 + 9,5^2 + 10^2 + 11,5^2 = 611$

$\Rightarrow \hat{\beta}_1 = \dfrac{\sum_{i=1}^{n} x_i \cdot y_i - n \cdot \bar{x} \cdot \bar{y}}{\sum_{i=1}^{n} x_i^2 - n \cdot \bar{x}^2} = \dfrac{1887,5 - 5 \cdot 11 \cdot 35}{611 - 5 \cdot 11^2} = -6,25$

$\Rightarrow \hat{\beta}_0 = \bar{y} - \hat{\beta}_1 \cdot \bar{x} = 35 - (-6,25) \cdot 11 = 103,75$

$\Rightarrow \hat{y} = \hat{\beta}_0 + \hat{\beta}_1 \cdot x = 103,75 - 6,25 \cdot x$

e) Siehe Grafik in Lösung zu Aufgabenteil a)

   <u>Hinweis:</u> zum Einzeichnen der Gerade ist es hilfreich, zwei (beliebige) Punkte der Gerade zu ermitteln und diese zu verbinden. Zum Beispiel können für die Preise 10 und 12 die beiden dazugehörigen Verkaufszahlen berechnet werden:

$$y(x = 10) = 103,75 - 6,25 \cdot 10 = 41,25$$
$$y(x = 12) = 103,75 - 6,25 \cdot 10 = 28,75$$

f) $y(x = 11,80) = 103,75 - 6,25 \cdot 11,80 = 30$

   Auf Basis der Regressionsgerade wird für den empfohlenen Verkaufspreis eine Verkaufszahl von 30 Kästen erwartet.

3. Hinweise zur Lösung

Die im Aufgabentext als Hinweis genannte Gerade entspricht gerade der Lösung zu Aufgabenteil d), so dass sich bei der Lösung zu den Aufgabenteilen e) und f) keine Änderungen ergeben.

4. Literaturempfehlung

Bourier, Günther (2014): Beschreibende Statistik. Praxisorientierte Einführung – Mit Aufgaben und Lösungen, 12. Auflage, Wiesbaden 2014, Kapitel 7.2 und 7.3.2.

Fahrmeir, Ludwig et al. (2010): Statistik. Der Weg zur Datenanalyse, 7. Auflage, Berlin und Heidelberg 2010, Kapitel 3.4 und 12.

Zucchini, Walter et al. (2009): Statistik für Bachelor- und Masterstudenten. Eine Einführung für Wirtschafts- und Sozialwissenschaftler, Berlin 2009, Kapitel 9.4. und 11.

Aufgabe 3: Regressionsanalyse

Anwenden
Bearbeitungszeit: 25 Minuten

1. Aufgabenstellung

Die Produktion grüner Gummienten hat in den vergangenen Jahren folgende Kosten verursacht.

Tab. 34. Ausbringungsmengen und entsprechende Gesamtkosten

Jahr	1	2	3	4	5	6
Ausbringungsmenge	2.000	3.000	6.000	4.000	8.000	7.000
Gesamtkosten in €	40.000	45.000	85.000	65.000	95.000	90.000

a) Ermitteln Sie die Regressionsfunktion $\hat{y}$.
b) Berechnen Sie den Korrelationskoeffizienten r_{xy}.
c) Mit welchen Produktionskosten liefert $\hat{y}$ bei einer Ausbringungsmenge von 10.000 Stück?

2. Lösung

a) $\hat{y} = 20,89 + 9,82 \cdot x$
b) $r_{xy} = 0,9821 r_{xy}$
c) $\hat{y} = 60,17$

3. Hinweise zur Lösung

a) Die Regressionsgerade beschreibt eine lineare Funktion, die derart zwischen den Punkten eines XY-Diagramms verläuft (X = „Menge"; x = Anzahl in Tausend Stück, Y = „Kosten"; y = Höhe der Kosten in T€), dass der Abstand der Geraden zu den Ausprägungspunkten minimal bleibt:

$$\hat{y} = a_0 + a_1 \cdot x$$

$$\text{mit:} \quad a_1 = \frac{\text{COV}(X, Y)}{\text{VAR}(X)} \quad \text{(Regressionskoeffizient)}$$

$$a_0 = \bar{y} - a_1 \cdot \bar{x} \quad \text{(Regressionskonstante)}$$

(4.1)

Um die Koeffizienten a_1 und a_2 zu ermitteln brauchen wir zunächst das arithmetische Mittel der Kosten und der Mengen:

$$\text{Arithmetischen Mittel der Mengen:} \quad \bar{x} = \frac{2 + 3 + 6 + 4 + 8 + 7}{6} = 5$$

$$\text{Arithmetisches Mittel der Kosten:} \quad \bar{y} = \frac{40 + 45 + 85 + 65 + 95 + 90}{6} = 70$$

Nun ist die Kovarianz zu ermitteln. Dazu kann entweder nachstehende Formel herangezogen werden oder die Vorgehensweise aus Aufgabe 1.

$$\text{COV}(X, Y) = \frac{1}{n} \sum_{i=1}^{n} x_i \cdot y_i - \bar{x} \cdot \bar{y} = \frac{1}{6} \sum_{i=1}^{6} x_i \cdot y_i - 5 \cdot 70$$

$$= \frac{1}{6} (2 \cdot 40 + 3 \cdot 45 + 6 \cdot 85 + 4 \cdot 65 + 8 \cdot 95 + 7 \cdot 90) - 350$$

$$= \frac{275}{6}$$

Damit wäre der Zähler des empirischen Korrelationskoeffizienten bestimmt. Für den Nenner brauchen wir noch die Varianz der als „X" definierten Variable. Dazu kann entweder nachstehende Formel herangezogen werden oder die Vorgehensweise aus Aufgabe 3c.

$$\mathrm{VAR}(X) = \frac{1}{n}\sum_{i=1}^{n} x_i^2 - \bar{x}^2 = \frac{1}{6}\sum_{i=1}^{6} x_i^2 - 5^2$$

$$= \frac{1}{6}\left(2^2 + 3^2 + 6^2 + 4^2 + 8^2 + 7^2\right) - 25$$

$$= \frac{178}{6} - 25$$

$$= \frac{14}{3}$$

Somit sind beide Koeffizienten der gesuchten Regressionsfunktion bestimmt:

$$a_1 = \frac{\mathrm{COV}(X, Y)}{\mathrm{VAR}(X)} = \frac{\frac{275}{6}}{\frac{14}{3}} = \frac{275}{28} = 9{,}8214$$

$$a_0 = \bar{y} - a_1 \cdot \bar{x} = 70 - \frac{275}{28} \cdot 5 = \frac{585}{28} = 20{,}8928$$

Es folgt die Regressionsgerade: $\hat{y} = 20{,}89 + 9{,}82 \cdot x$

b) Nun ist der Korrelationskoeffizient zu ermitteln. Dazu kann entweder nachstehende Formel herangezogen werden oder die Vorgehensweise aus Aufgabe 1.

Korrelationskoeffizient =

$$r_{xy} = \frac{\mathrm{COV}(X, Y)}{\mathrm{Standardabweichung}(X) \cdot \mathrm{Standardabweichung}(Y)}$$

$$\mathrm{COV}(X, Y) = \frac{275}{6} \quad \text{(siehe Teil a)}$$

$$\mathrm{Standardabweichung}(X) = \sigma_X = \sqrt{\frac{14}{3}} \quad \text{(siehe Teil a)}$$

$$\mathrm{Standardabweichung}(Y) = \sigma_Y = \sqrt{\mathrm{VAR}(Y)}$$

$$\sigma_y^2 = \frac{1}{n}\sum_{i=1}^{n} y_i^2 - \bar{y}^2 = \frac{1}{6}\sum_{i=1}^{6} y_i^2 - 70^2$$

$$= \frac{1}{6}\left(40^2 + 45^2 + 85^2 + 65^2 + 95^2 + 90^2\right) - 4.900$$

$$= \frac{32.200}{6} - 4.900$$

$$= \frac{2.800}{6} = \frac{1.400}{3}$$

$$\sigma_Y = \sqrt{\frac{1.400}{3}}$$

Korrelationskoeffizient =

$$r_{xy} = \frac{COV(X, Y)}{\text{Standardabweichung}(X) \cdot \text{Standardabweichung}(Y)}$$

$$r_{xy} = \frac{\frac{275}{6}}{\sqrt{\frac{14}{3}} \cdot \sqrt{\frac{1.400}{3}}}$$

$$r_{xy} = \frac{275}{280}$$

$$r_{xy} = \frac{55}{56}$$

$$r_{xy} = 0,9821$$

Es besteht also ein sehr starker positiver, fast perfekter, linearer Zusammenhang.

c) Gesucht sind die erwarteten/geschätzten Kosten für die Produktion von 10.000 Gummienten. Dies entspricht dem Funktionswert der Regressionsfunktion für $x = 10$ (x in 1.000 Stück angegeben):

$$\hat{y} = 20,89 + 9,82 \cdot 10 = 119,09$$

4. Literaturempfehlung

Eckey, Hans-Friedrich, Reinhold Kosfeld und Christian Dreger (2013): Ökonometrie. Grundlagen – Methoden – Beispiele, 5. Auflage, Wiesbaden 2013, Kapitel 2.

Aufgabe 4: Rangkorrelationskoeffizient nach Spearman

Anwenden
Bearbeitungszeit: 10 Minuten

1. Aufgabenstellung

Schmeckt teureres Bier besser? Hier die Ergebnisse Ihrer Untersuchung, in der Geschmack in eine Reihenfolge von 1 bis 7 zu bringen war. Der Preis wurde entsprechend zugeordnet. Berechnen Sie den Rangkorrelationenskoeffizienten nach Spearman!

Tab. 35. Angaben zur Berechnung des Rangkorrelationskoeffizienten

Biersorte	Geschmack	Preis in €
Hecks	7	6
Barsteiner	5	7
Prinz	1	2
Carlsberg	4	3
Gutweiser	2	4
Nella	6	5
Radeburger	3	1

2. Lösung

Der Rangkorrelationskoeffizient weist einen Wert von 0,71 auf und impliziert einen positiven Zusammenhang zwischen den Rängen der Preise und den Geschmacksbewertungen.

3. Hinweise zur Lösung

Da es bei den Beobachtungswerten keine Doppelungen gibt, kann nachstehende Formel zur Anwendung kommen:

$$R = 1 - \frac{6 \sum_{i=1}^{n} d_i^2}{n\,(n^2 - 1)}$$

Für d_i betrachtet man die Differenz zwischen den Rängen der Preise und der Geschmackseinschätzungen (Für Hecks 7 − 6 = 1).

$$R = 1 - \frac{6 \sum_{i=1}^{7} d_i^2}{7\,(7^2 - 1)} = 1 - \frac{6}{336} \cdot \left(1^2 + -2^2 + -1^2 + 1^2 + -2^2 + 1^2 + 2^2 \right)$$
$$= 0,71$$

4. Literaturempfehlung

Schira, Josef (2012): Statistische Methoden der VWL und BWL. Theorie und Praxis, 4. Auflage, München 2012, Kapitel 3.

Aufgabe 5: Prognose von Finanzgrößen

Anwenden, Wissen, Transfer
Bearbeitungszeit: 30 Minuten

1. Aufgabenstellung

Der Finanzplaner eines Unternehmens möchte auf Basis der Umsätze des letzten Quartals den Umsatz für den laufenden Monat 4 prognostizieren. Die Umsätze in den vorangegangenen Monaten konnten ermittelt werden mit:

Monat 1:	1,0 Mio. €
Monat 2:	1,5 Mio. €
Monat 3:	5,0 Mio. €

Das folgende Diagramm zeigt die Umsatzentwicklung im Zeitablauf:

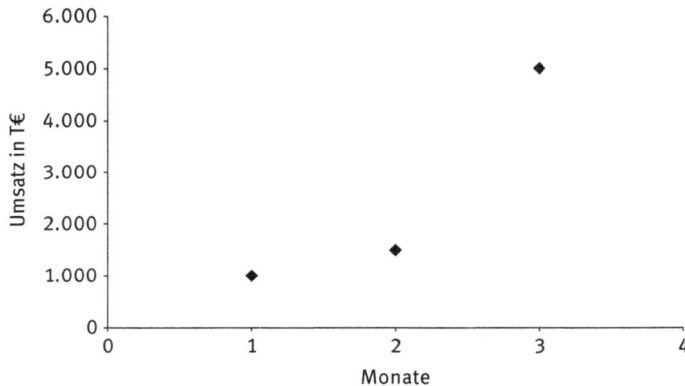

Abb. 23. Umsatzentwicklung im Zeitablauf

Zur Schätzung des Umsatzes in Monat 4 soll ein lineares Modell angepasst werden:

$$y = a + bx + \epsilon_i$$

Die Residuen verbleiben als „Rest" nach der Modellanpassung und können nicht durch das gewählte Modell erklärt werden.

a) Bestimmen Sie die Parameter des Modells mit Hilfe der Methode der kleinsten Quadrate.

$$\mathrm{RQ}(a, b) = \epsilon_i^2 \quad \rightarrow \quad \mathrm{Min}!$$

Hinweis zur Lösung:

Der Steigungsparameter b wird geschätzt durch:

$$\hat{b} = \frac{\sum_{i=1}^{n} x_i y_i - n\bar{x}\bar{y}}{\sum_{i=1}^{n} x_i^2 - n\bar{x}^2}$$

Der Achsenabschnitt a wird geschätzt durch:

$$\hat{a} = \bar{y} - bx$$

b) Tragen Sie die Regressionsgerade in das Diagramm ein.

c) Errechnen Sie das Bestimmtheitsmaß der Regression und interpretieren Sie das Ergebnis.

Hinweis zur Lösung:

Das Bestimmtheitsmaß der Regression ergibt sich durch:

$$B = \frac{\left(\sum_{i=1}^{n} (x_i - \bar{x})(y_i - \bar{y})\right)^2}{\left(\sum_{i=1}^{n} (x_i - \bar{x})^2 \sum_{i=1}^{n} (y_i - \bar{y})^2\right)}$$

d) Errechnen Sie die Standardfehler der Regression für die Parameter und interpretieren Sie das Ergebnis.

Hinweis zur Lösung:

Die Standardfehler ergeben sich durch:

$$SF(b) = \sigma_{\text{Res}} \cdot \sqrt{\frac{1}{\sum_{i=1}^{n} (x_i - \bar{x})^2}}$$

$$SF(a) = \sigma_{\text{Res}} \cdot \sqrt{\frac{\sum_{i=1}^{n} x_i^2}{n \sum_{i=1}^{n} (x_i - \bar{x})^2}}$$

e) Berechnen Sie den Schätzwert für Monat 4.

f) Sie sind sich nicht sicher, ob ihr angedachtes Modell M1 das richtige ist. Als Alternative möchten Sie das Modell M2

$$y = a + bx^2 + \epsilon_i$$

einsetzen.

Ihre Nullhypothese lautet:

H_0: Das Modell mit der kleineren Anzahl an Parametern M2 ist das richtige Modell.

Hinweis zur Lösung:

Zur Überprüfung dieser Nullhypothese muss eine Prüfgröße PG berechnet werden:

$$PG = \frac{\frac{RQ_{\text{Res}}(M2) - RQ_{\text{Res}}(M1)}{FG(M1) - FG(M2)}}{\frac{RQ_{\text{Res}}(M1)}{FG(M1)}} = 6,1$$

mit FG = Freiheitsgrade, Res = Residuen und RQ = Residuenquadrate.

Die Parameter der F-Verteilung v_1 und v_2 berechnen sich mit:

$$v_1 = FG(M2) - FG(M1)$$

$$v_2 = FG(M1)$$

1) Welcher der folgenden kritische Werte für $F_{v_1;v_2;0,05}$ ist Ihrer Meinung nach der richtige?
    I. $F_{1;1;0,05} = 161,45$
    II. $F_{1;8;0,05} = 5,32$
    III. $F_{8;1;0,05} = 238,88$
2) Kann die Nullhypothese verifiziert werden?

2. Lösung

a) Im Folgenden werden die einzelnen Bestandteile der Formeln geschätzt. Mit $n = 3$ ergeben sich die Mittelwerte:

$$\bar{y} = \frac{1 + 1,5 + 5}{3} = 2,5$$

$$\bar{x} = \frac{1 + 2 + 3}{3} = 2$$

Die weiteren Bestandteile der Zielgleichungen ergeben sich durch:

$$\sum_{i=1}^{n} x_i^2 = 1^2 + 2^2 + 3^2 = 14$$

$$\sum_{i=1}^{n} x_i y_i = 1 \cdot 1 + 2 \cdot 1,5 + 3 \cdot 5 = 19$$

$$\hat{b} = \frac{19 - 3 \cdot 2 \cdot 2,5}{14 - 3 \cdot 4} = \frac{4}{2} = 2$$

$$\hat{a} = 2,5 - 2 \cdot 2 = -1,5$$

Es ergibt sich das angepasste Modell:

$$\hat{y} = -1,5 + 2 \cdot x$$

b)

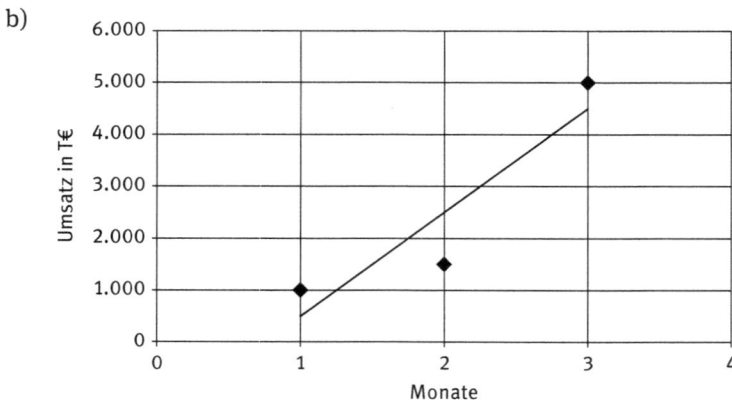

Abb. 24. Angepasste Gerade der Umsatzentwicklung im Zeitablauf

c) $B = \dfrac{((1-2)(1-2,5)+(2-2)(1,5-2,5)+(3-2)(5-2,5))^2}{\left((1-2)^2+(2-2)^2+(3-2)^2\right)\left((1-2,5)^2+(1,5-2,5)^2+(5-2,5)^2\right)}$

$\qquad = \dfrac{16}{19} = 0{,}84211$

Das Bestimmtheitsmaß zeigt, dass die angepasste Regressionsgerade die Umsatzentwicklung gut abbilden kann.

d) $\mathrm{SF}(b) = \sqrt{1,5} \cdot \sqrt{\dfrac{1}{\left((1-2)^2+(2-2)^2+(2-3)^2\right)}} = \sqrt{1,5} \cdot \sqrt{\dfrac{1}{2}} = 0{,}86603$

$\quad \mathrm{SF}(a) = \sqrt{1,5} \cdot \sqrt{\dfrac{14}{3\left((1-2)^2+(2-2)^2+(2-3)^2\right)}} = \sqrt{1,5} \cdot \sqrt{\dfrac{14}{6}} = 1{,}87083$

$\quad \sigma_{\mathrm{Res}} = \sqrt{(1-0,5)^2+(1,5-2,5)^2+(5-4,5)^2} = \sqrt{0{,}25+1+0{,}25} = \sqrt{1,5}$

e) Der Schätzwert für den Monat 4 ergibt sich durch:

$$6{,}5 = -1{,}5 + 2 \cdot 4$$

f) (1) Der kritische Wert ist 161,45. Die Prüfgröße ist damit kleiner als der kritische Wert.

   (2) Die Nullhypothese kann damit nicht verworfen werden.
   H_0: Das Modell mit der kleineren Anzahl an Parametern M_2 ist das richtige Modell.

3. Hinweise zur Lösung

Bei einer Regressionsanalyse können beide Merkmale Zufallsvariablen sein, es können auch Merkmale verwendet werden, die Faktoren sind. Bei den in dieser Aufgabe betrachteten Merkmalen ist das Merkmal „Umsatz" eine Zufallsvariable, das Merkmal „Monate" hingegen ist ein Faktor.

Eine Unterstützung beim Lernen kann bei diesem Aufgabentyp der Abgleich mit den Ergebnissen sein, die Softwarepakete liefern. Das kann z. B. durch die Nutzung der Freeware R geschehen, selbstverständlich kann auf die Nutzung von Excel zurückgegriffen werden. Durch die Funktion RGP wird in Excel die Anpassung eines linearen Modells durchgeführt sowie Informationen über die Güte der Anpassung gegeben, u. a. durch die Berechnung der Standardfehler und des Bestimmtheitsmaßes.

a) Die Residuen ϵ_i sind die Abweichungen in jedem Punkt zu der anzupassenden Gerade, d. h., der vertikale Abstand von angepasster Gerade und jeweiliger Beobachtung:

$$\epsilon = y - a - bx$$

Es wird nun das lineare Modell angepasst, für das die Residuenquadrate (RQ) minimiert werden:

$$\mathrm{RQ}\,(a,\,b) = \epsilon_i^2 \quad \rightarrow \quad \mathrm{Min!}$$

c) Das Bestimmtheitsmaß der Regression gibt die Güte bzw. die Treffsicherheit des angepassten linearen Modells wider. Dieses Maß ist eng verwandt mit dem sogenannten Korrelationskoeffizienten und nimmt Werte zwischen 0 und 1 an. Der Sachverhalt wird nicht durch das angepasste Modell erklärt, wenn das Bestimmtheitsmaß den Wert 0 einnimmt. Je höher dieser Wert ist, desto besser ist die Anpassung. Bei einem Bestimmtheitsmaß von 1 liegt ein deterministischer Zusammenhang vor (in unserem Beispiel würden alle Beobachtungspunkte auf der angepassten Geraden liegen).

d) Die Standardfehler ergeben sich durch:

$$\mathrm{SF}(b) = \sigma_{\mathrm{Res}} \cdot \sqrt{\frac{1}{\sum_{i=1}^{n}(x_i - \bar{x})^2}}$$

$$\mathrm{SF}(a) = \sigma_{\mathrm{Res}} \cdot \sqrt{\frac{\sum_{i=1}^{n} x_i^2}{n \sum_{i=1}^{n}(x_i - \bar{x})^2}}$$

Für die Beobachtungen $\{1; 1,5; 5\}$ müssen die Zahlen 1, 2 und 3 für x eingesetzt werden. Es ergeben sich die folgenden Werte aus dem linearen Modell:

$$0,5 = -1,5 + 2 \cdot 1 \quad 2,5 = -1,5 + 2 \cdot 2 \quad 4,5 = -1,5 + 2 \cdot 3$$

Der Standardfehler ist wie die Standardabweichung einer Verteilung zu interpretieren. Bei einem hohen Standardfehler liegt eine hohe Streuung vor, die Verteilung des Schätzers ist „breiter". Eine geringe Streuung liegt bei einem kleinen Standardfehler vor, die Verteilung des Schätzers ist „schmaler".

f) Die Prüfgröße wird mit einem kritischen Wert verglichen, der für ein gegebenes Signifikanzniveau von z. B. 5 % über die F-Verteilung berechnet wird. Ist die Prüfgröße größer als dieser kritische Wert, sollte die Nullhypothese abgelehnt werden.

4. Literaturempfehlung

Zucchini, Walter et al. (2009): Statistik für Bachelor- und Masterstudenten. Eine Einführung für Wirtschafts- und Sozialwissenschaftler, Heidelberg 2009, Kapitel 11.

Aufgabe 6: Intervallschätzung für einen Anteilswert

Anwenden
Bearbeitungszeit: 10 Minuten

1. Aufgabenstellung

Ein TV-Sender überlegt eine Sendung ein zustellen. Nach der letzten gemessenen Einschaltquote, von 1.200 befragten Haushalten gaben 112 an die Sendung gesehen zu haben, lag die Quote bei unter 10 %. Sollte man, wenn man mit einen Irrtum von 5 % leben kann, die Sendung einstellen?

2. Lösung

$$b = 1,96 \cdot \sqrt{\frac{\frac{7}{75} \cdot \left(1 - \frac{7}{75}\right)}{1.200}} = 0,0165$$

und

$$I = [0,0933 - 0,0165; 0,933 + 0,0165] = [0,0768; 0,1098]$$

Damit liegt die Quote zwischen 8 % und 11 %. Der Sender sollte also noch eine Weile Abwarten, wenn nur die Sendungen abgesetzt werden, deren Quote unter 10 % liegt.

3. Hinweise zur Lösung

Hier soll ein Anteilswert geschätzt werden. Die Stichprobe ist so groß, dass annäherungsweise von einen Normalverteilung ausgegangen werden kann. Für den Anteilswert wird ein Konfidenzintervall I bestimmt mit: $b = z \cdot \sqrt{\frac{\text{Anteilswert} \cdot (1 - \text{Anteilswert})}{\text{Stichprobenumfang}}}$ und z wird aus der Normalverteilung mit $F(z) = 1 - \frac{\text{Irrtumswahrscheinlichkeit}}{2}$ bestimmt.

Das Konfidenzintervall ist damit $I = [\text{Anteilswert} - b; \text{Anteilswert} + b]$.

4. Literaturempfehlung

Schira, Josef (2012): Statistische Methoden der VWL und BWL. Theorie und Praxis, 4. Auflage, München 2012, Kapitel 14.

4.5 Kontingenzanalyse

Aufgabe 1: Kontingenzanalyse

Transfer, Anwenden
Bearbeitungszeit: 30 Minuten

1. Aufgabenstellung

Eine Auswertung von 100 zufällig ausgewählten Studierenden an der HRW ergab die folgende Verteilung von Männern und Frauen auf die Studiengänge:

Tab. 36. Verteilung der Geschlechter nach Studiengängen

	Wirtschaftswissenschaften	Ingenieurwissenschaften
Frauen	35	20
Männer	20	25

a) Welcher Zusammenhang zwischen Geschlecht und Studiengang lässt sich auf Basis dieser Daten vermuten?

b) Begründen Sie kurz, warum ein möglicher Zusammenhang hier nicht mit dem Korrelationskoeffizienten überprüft werden kann.

c) Berechnen Sie die Werte der Zellen der Tabelle, die man erwartet, wenn es keinen Zusammenhang zwischen dem Geschlecht und der Wahl des Studiengangs gibt.

d) Ermitteln Sie den Kontingenzkoeffizienten und bewerten Sie mit seiner Hilfe das mögliche Vorliegen eines Zusammenhangs zwischen Geschlecht und Studiengang.

Es soll nun mit Hilfe eines Chi-Quadrat-Unabhängigkeitstests überprüft werden, ob ein signifikanter Zusammenhang zwischen Geschlecht und Studiengang vorliegt.

e) Nennen Sie die Nullhypothese, die dem Test zu Grund liegt, sowie die Verteilung der Prüfgröße unter der Nullhypothese.

f) Ermitteln Sie die Prüfgröße des Tests und bewerten Sie die Signifikanz des Zusammenhangs zwischen Geschlecht und Studiengang. Verwenden Sie dabei ein Signifikanzniveau von 5 % mit dem entsprechenden kritischen Wert von 3,84.

g) Bei dem Chi-Quadrat-Unabhängigkeitstest ergibt sich ein P-Wert von 0,055. Erläutern Sie, was dieser Wert bedeutet und was er über die Signifikanz eines Zusammenhangs zwischen Geschlecht und Studiengang aussagt.

2. Lösung

a) Die Daten legen die Vermutung nahe, dass Frauen stärker zu den Wirtschaftswissenschaften tendieren, während Männer Ingenieurwissenschaften bevorzugen. Es sieht also so aus, als ob es einen Zusammenhang zwischen Geschlecht und Studiengang gibt.

b) Zur Berechnung des Korrelationskoeffizienten müssen beide Merkmale metrisch sein. Hier sind aber beide Merkmale nur ordinalskaliert.

c) Berechnen Sie die Werte der Zellen der Tabelle, die man erwartet, wenn es keinen Zusammenhang zwischen dem Geschlecht und der Wahl des Studiengangs gibt.

Tab. 37. Beobachtete Häufigkeitstabelle mit Zeilen- und Spaltensummen

	Wirtschaft	Ingenieurw.	
Frauen	35	20	55
Männer	20	25	45
	55	45	100

Zur Berechnung der Häufigkeiten, die man bei Unabhängigkeit der beiden Merkmale erwartet, müssen für jedes Feld die entsprechende Zeilensumme und Spaltensumme multipliziert und durch die Gesamtzahl an Beobachtungen geteilt werden, zum Beispiel für Frauen in den Wirtschaftswissenschaften:

$$\frac{55 \cdot 55}{100} = 30,25$$

Mit diesem Vorgehen erhält man die Häufigkeitstabelle mit den bei Unabhängigkeit erwarteten Häufigkeiten:

Tab. 38. Häufigkeitstabelle mit den bei Unabhängigkeit erwarteten Häufigkeiten

	Wirtschaft	Ingenieurw.	
Frauen	30,25	24,75	55
Männer	24,75	20,25	45
	55	45	100

d) Schritt 1: Berechnung des Chi-Quadrat-Wertes:

$$\chi^2 = \sum_{i=1}^{2} \sum_{j=1}^{2} \frac{(f_{ijo} - f_{jie})^2}{f_{ije}}$$

$$= \frac{(35 - 30,25)^2}{30,25} + \frac{(20 - 24,75)^2}{24,75} + \frac{(20 - 24,75)^2}{24,75} + \frac{(25 - 20,25)^2}{20,25} \approx 3,68$$

Schritt 2: Berechnung des korrigierten Kontingenzkoeffizienten:

$$K_{\text{korr}} = \frac{K}{K_{\text{max}}} = \frac{\sqrt{\frac{\chi^2}{\chi^2 + n}}}{\sqrt{\frac{\min(I,J) - 1}{\min(I,J)}}} = \frac{\sqrt{\frac{3,68}{3,68 + 100}}}{\sqrt{\frac{\min(2;2) - 1}{\min(2;2)}}} = \frac{0,1884}{0,7071} \approx 0,27$$

Der korrigierte Kontingenzkoeffizient, der immer zwischen 0 und 1 liegt, hat hier einen Wert, der deutlich größer als 0 ist, aber noch weiter entfernt von der 1. Es gibt also einen Zusammenhang zwischen den Merkmalen Geschlecht und Studiengang, der aber nicht extrem groß ist.

e) Die Nullhypothese geht von der Unabhängigkeit der beiden Merkmale Geschlecht und Studiengang aus, unterstellt also, dass es zwischen den beiden Merkmalen keinen Zusammenhang gibt.

Bei Gültigkeit der Nullhypothese hat die Prüfgröße eine Chi-Quadrat-Verteilung mit $(I-1) \cdot (J-1)$ Freiheitsgraden, wobei I und J die Anzahl der Merkmalsausprägungen der beiden Merkmale bezeichnen.

Im vorliegenden Beispiel hat die Prüfgröße unter der Nullhypothese eine Chi-Quadrat-Verteilung mit $(2-1) \cdot (2-1) = 1$ Freiheitsgrad.

f) Der Wert der Chi-Quadrat-Prüfgröße wurde bereits in Schritt 1 von Aufgabenteil d) berechnet und beträgt 3,68.

Da die Prüfgröße kleiner ist als der gegebene kritische Wert von 3,84, kann die Nullhypothese der Unabhängigkeit bei einem Signifikanzniveau von 5 % nicht verworfen werden.

g) Der P-Wert entspricht der Wahrscheinlichkeit, unter Gültigkeit der Nullhypothese einen mindestens so extremen Wert der Prüfgröße zu erhalten wie den beobachteten. Im konkreten Fall ist der P-Wert also die Wahrscheinlichkeit, eine Prüfgröße von 3,68 oder größer zu erhalten, wenn die Merkmale Geschlecht und Studiengang tatsächlich unabhängig sind.

Je kleiner der P-Wert ist, desto unwahrscheinlicher erscheint der Wert der Prüfgröße und desto eher kann die Nullhypothese verworfen werden, so dass die Alternativhypothese als abgesichert gilt. Dabei kann der P-Wert mit den gebräuchlichen Signifkanzniveaus von 1 %, 5 % und 10 % verglichen werden.

Im vorliegenden Fall ist der P-Wert etwas größer als 5 %. Damit könnte man die Nullhypothese nur bei einem Signifikanzniveau von 10 % verworfen werden, bei einem geforderten strengeren Signifikanzniveau von 5 % oder 1 % dagegen nicht (vergleiche Aufgabenteil (f)).

3. Hinweise zur Lösung

Das klassische Vorgehen des Vergleichs der Prüfgröße mit den aus einer Tabelle abgelesenen kritischen Werten für gegebene Signifikanzniveaus stammt aus einer Zeit, als Statistik noch ohne Hilfe von Computern betrieben wurde und die Berechnung eines P-Wertes sehr aufwändig gewesen wäre.

Mit der heute verfügbaren Statistik-Software ist es dagegen kein Problem mehr, für beliebige Hypothesentests den P-Wert einer Prüfgröße zu berechnen, so dass sich die Betrachtung des P-Wertes durchgesetzt hat.

Bei welchem P-Wert die Nullhypothese verworfen wird, liegt dabei in der Regel im Ermessen des Statistikers und wird von dem konkreten Kontext der Datenanalyse abhängen. Grundsätzlich sollte ein P-Wert aber immer möglichst klein, also nahe 0 sein, und bei P-Werten größer 10 % sollte die Nullhypothese grundsätzlich nicht verworfen werden.

4. Literaturempfehlung

Bourier, Günther (2014): Beschreibende Statistik. Praxisorientierte Einführung – Mit Aufgaben und Lösungen, 12. Auflage, Wiesbaden 2014, Kapitel 7.3.5.

Fahrmeir, Ludwig et al. (2010): Statistik. Der Weg zur Datenanalyse, 7. Auflage, Berlin und Heidelberg 2010, Kapitel 3.2 und 11.4.

Zucchini, Walter et al. (2009): Statistik für Bachelor- und Masterstudenten. Eine Einführung für Wirtschafts- und Sozialwissenschaftler, Berlin 2009, Kapitel 10.2.

Aufgabe 2: **Kontingenzkoeffizient nach Cramer**

Wissen, Transfer
Bearbeitungszeit: 20 Minuten

1. Aufgabenstellung

Eine Umfrage eines Marktforschungsteams ergab folgendes Bild, als man herausfinden wollte, ob die bevorzugte Schokoladensorte unabhängig von der Altersgruppe des Konsumenten ist.

Tab. 39. Bevorzugte Schokoladensorte der verschiedenen Altersgruppen

	Konsument				
	0 bis unter 10	10 bis unter 20	20 bis unter 30	30 und älter	Σ
weiss	15	43	38	27	123
Vollmilch	85	50	32	29	196
dunkel	0	7	30	44	81
Σ	100	100	100	100	400

Gibt es einen Zusammenhang zwischen Alter und bevorzugter Schokoladensorte? Berechnen Sie den Kontingenzkoeffizient nach Cramer.

2. Lösung

Tab. 40. Ermittelte unabhängige Häufigkeiten h_{ij}^*

	Konsument				
	0 bis unter 10	10 bis unter 20	20 bis unter 30	30 und älter	Σ
weiss	30,75	30,75	30,75	30,75	123
Vollmilch	49	49	49	49	196
dunkel	20,25	20,25	20,25	20,25	81
Σ	100	100	100	100	400

Damit berechnet sich QA = 117,11 und C = 0,3826.

3. Hinweise zur Lösung

Als erstes muss analysiert werden, welcher Art die Daten sind. Da das Merkmal Schokoladensorte nur ordinal skaliert ist, muss ein Verfahren gewählt werden, dass für diesen Skalentyp geeignet ist, wie zum Beispiel der Kontingenzkoeffizient nach Cramer.

Um zu einer Maßzahl zu gelangen, wird der Abstand der Daten der Befragung von den unabhängigen Daten ermittelt. Hierbei bezeichnet n die Anzahl aller Daten, h_{ij} ist die gemessene Häufigkeit, mit der die Merkmalskombination *ij* vorkommt ($h_{11} = 15$) und h_{ij}^* die aufgrund der Randsummen berechnete unabhängige Häufigkeit mit $h_{ij}^* = \frac{h_{i.} \cdot h_{j.}}{n}$ also $h_{ij}^* = \frac{(100 \cdot 123)}{400} = 30,75$.

Berechnet werden muss nun die Summe der Quadratischen Abweichungen QA.

Dabei ist QA $= \sum_{i=1}^{k} \sum_{j=1}^{1} \frac{\left(h_{ij} - h_{ij}^*\right)^2}{h_{ij}}$. Da QA umso größer wird, je mehr Felder in eine Häufigkeitstabelle sind, muss noch m = min {Zeilenzahl; Spaltenzahl} = min {k; 1} bestimmt werden und damit $C = \sqrt{\frac{QA}{N \cdot (m-1)}}$. Bei vollständiger Abhängigkeit nimmt C den Wert 1 an.

4. Literaturempfehlung

Schira, Josef (2012): Statistische Methoden der VWL und BWL. Theorie und Praxis, 4. Auflage, München 2012, Kapitel 3.
Eichholz, Wolfgang und Eberhard Vilkner (2013): Taschenbuch der Wirtschaftsmathematik, 6. Auflage, München 2013, Kapitel 8.2.

4.6 Weitere Aufgaben

Aufgabe 1: Preisindex – von Laspeyres und Paasche

Anwenden
Bearbeitungszeit: 20 Minuten

1. Aufgabenstellung

Das Statistische Bundesamt hat für Mai 2015 eine Inflationsrate von 4,6 % veröffentlicht. Student L empfindet das als viel zu niedrig und hat sich auf den Internetseiten des statistischen Bundesamtes die Preissteigerungsraten derjenigen fünf Warengruppen angeschaut, für die er in der Vergangenheit die größten Ausgaben getätigt hat. Als überzeugter Homo Oeconomicus führt er ein Haushaltsbuch, dem er nun seine Ausgaben für diese Warengruppen entnehmen kann. Das Ergebnis seiner Recherchen ist in der nachfolgenden Tabelle festgehalten:

Tab. 41. Preissteigerungsraten für die Warengruppen mit den größten Ausgaben

Produkt	Preisänderung Mai 2015 im Vergleich mit Mai 2014	Ausgaben in €	
		Mai 2015	Mai 2014
Miete (kalt)	1,40 %	390	350
Benzin	12,90 %	120	55
Strom	8,6 %	65	95
Elektrogeräte	−4,3 %	19	199
Nahrungsmittel	3,4 %	220	320
Summe		814	1.019

a) Berechnen Sie die Preismesszahlen zur Basis Mai 2014 (*3 Nachkommastellen*)!

Tab. 42. Berechnungstabelle für die Preismesszahlen

	Preismesszahl
Miete (kalt)	
Benzin	
Strom	
Elektrogeräte	
Nahrungsmittel	

b) Berechnen Sie für die von L konsumierten Produkte für den Berichtsmonat Mai 2015 zur Basis Mai 2014 den Preisindex von Laspeyres und den Preisindex von Paasche *(2 Nachkommastellen)!*

c) Erläutern Sie, warum bei den beiden Verfahren unterschiedliche Inflationsraten resultieren.

2. Lösung

a) **Tab. 43.** Errechnete Preismesszahlen

	Preismesszahl
Miete (kalt)	1,014
Benzin	1,129
Strom	1,086
Elektrogeräte	0,957
Nahrungsmittel	1,034

b) Die Preisänderung bedeutet, die Veränderung des Preises bei gleicher Menge aus dem Jahr 2014. Multipliziert man seine alten Ausgaben (Menge Basisjahr · Preis

Basisjahr) mit der dazugehörigen Preismesszahl, dann erhält man die Menge Basisjahr · Preis aktuelles Jahr. Folglich ermittelt man des Laspeyres-Index folgendermaßen:

$$P : L_{14,15} =$$
$$\frac{1{,}014 \cdot 390 + 1{,}129 \cdot 120 + 1{,}086 \cdot 65 + 0{,}957 \cdot 19 + 1{,}034 \cdot 250}{814} \cdot 100$$
$$= 107{,}89$$

Im Jahr 2015 sind die Ausgaben die Mengen des aktuellen Jahres · Preise des aktuellen Jahres. Im Nenner steht bei Paasche, die „aktuellen Menge" · „alte Preise". Werden die „aktuellen Preise" durch die Preismesszahl geteilt, dann erhält man die „alten Preise". Also wird der Index wie folgt berechnet:

$$P : P_{14,15} = \frac{1.019}{\frac{350}{1{,}014} + \frac{55}{1{,}129} + \frac{95}{1{,}086} + \frac{199}{0{,}957} + \frac{320}{1{,}034}} \cdot 100 = 102{,}02$$

Nach Laspeyres beträgt die Inflationsrate 7,89 %, nach Paasche nur 2,02 %.

c) Bei der Paasche-Methode stammen die Gewichte aus dem Berichtsjahr 2015, in dem L viel mehr von den billiger gewordenen Elektrogeräten konsumiert hat, so dass deren gesunkener Preis mit viel größerem Gewicht in den Index eingeht.

3. Hinweise zur Lösung

Zunächst muss klar werden, welche Bedeutung die Messzahl und der Preisindex haben.

4. Literaturempfehlung

Pinnekamp, Heinz-Jürgen und Frank Siegmann (2008): Deskriptive Statistik. Mit einer Einführung in das Programm SPSS, 5. Auflage, München 2008, Kapitel 4.4.

Aufgabe 2: Preis- und Mengenindizes

Transfer, Anwenden
Bearbeitungszeit: 10 Minuten

1. Aufgabenstellung

Die folgende Tabelle zeigt die Preise und Mengen eines Warenkorbs für ein „französisches Frühstück" in den Jahren 2011 und 2013.

Tab. 44. Preise und Mengen eines Warenkorbs für ein „französisches Frühstück"

Gut	p_0 (Preis 2011 in €)	q_0 (Menge 2011)	p_t (Preis 2013 in €)	q_t (Menge 2013)
Kaffee	8	9 (kg)	12	11 (kg)
Croissant	0,70	200 (Stück)	0,80	240 (Stück)
Butter	1,20	20 (Stück)	1,40	24 (Stück)
Marmelade	1,50	16 (Gläser)	1,80	18 (Gläser)

<u>Hinweis:</u> Betrachten Sie im Folgenden das Jahr 2011 als Basisjahr und runden Sie die Indexwerte auf 2 Nachkommastellen!

a) Berechnen Sie den Umsatzindex für den Warenkorb für das Jahr 2013. Wie hat sich der Umsatz im Vergleich zum Basisjahr 2011 verändert?

b) Berechnen Sie den Preisindex für den Warenkorb für das Jahr 2013 mit der Formel nach Laspeyres. Wie haben sich die Preise im Vergleich zum Basisjahr 2011 verändert?

c) Der Preisindex für das Jahr 2012 lag bei 1,09. Berechnen Sie mit Hilfe dieser Information, wie sich die Preise in 2013 im Vergleich zu 2012 verändert haben.

2. Lösung

a) $\quad U_t = \dfrac{\sum_{i=1}^n p_{t_i} \cdot q_{t_i}}{\sum_{i=1}^n p_{0_i} \cdot q_{0_i}} = \dfrac{12 \cdot 11 + 0,80 \cdot 240 + 1,40 \cdot 24 + 1,80 \cdot 18}{8 \cdot 9 + 0,70 \cdot 200 + 1,20 \cdot 20 + 1,50 \cdot 16} = \dfrac{390}{260}$

$\quad\quad = 1,50 \quad (150\%)$

Der Umsatz ist im Vergleich zum Basisjahr um 50 % gestiegen.

b) $\quad P_t^L = \dfrac{\sum_{i=1}^n p_{t_i} \cdot q_{0_i}}{\sum_{i=1}^n p_{0_i} \cdot q_{0_i}} = \dfrac{12 \cdot 9 + 0,80 \cdot 200 + 1,40 \cdot 20 + 1,80 \cdot 16}{8 \cdot 9 + 0,70 \cdot 200 + 1,20 \cdot 20 + 1,50 \cdot 16}$

$\quad\quad = \dfrac{324,8}{260} \approx 1,25 \quad (125\%)$

Die Preise sind im Vergleich zum Basisjahr um 25 % gestiegen.

c) $\quad \dfrac{1,25}{1,09} \approx 1,15 \quad (115\%)$

Die Preise sind 2013 im Vergleich zu 2012 um 15 % gestiegen.

3. Hinweise zur Lösung

Zur Lösung dieser Aufgaben bzw. zur Berechnung von Indizes ist es gar nicht unbedingt notwendig, die Formeln zu kennen und zu verwenden. Wenn man grundsätzlich die Idee der Indizes nach Paasche und Laspeyres verstanden hat, kann man die entsprechenden Umsätze und Indizes auch durch einfaches Überlegen berechnen.

4. Literaturempfehlung

Bourier, Günther (2014): Beschreibende Statistik. Praxisorientierte Einführung – Mit Aufgaben und
Lösungen, 12. Auflage, Wiesbaden 2014, Kapitel 5.

Fahrmeir, Ludwig et al. (2010): Statistik. Der Weg zur Datenanalyse, 7. Auflage, Berlin und Heidelberg 2010, Kapitel 14.1.

Zucchini, Walter et al. (2009): Statistik für Bachelor- und Masterstudenten. Eine Einführung für Wirtschafts- und Sozialwissenschaftler, Berlin 2009, Kapitel 13.2.

Aufgabe 3: Berechnung der Preis- und Mengenindizes

Verstehen
Bearbeitungszeit: 15 Minuten

1. Aufgabenstellung

Im Weihnachtsgeschäft der vergangenen beiden Jahre berichtete der Einzelhandel nachstehende Verkaufs- und Preisdaten. Berechnen Sie die Preis- und Mengenindizes für $t - 1$ zur Basis $t - 2$ nach Paasche und Laspeyres.

Tab. 45. Berichtete Verkaufs- und Preisdaten des Einzelhandels

Jahr	Krawatten		Socken		Hemden		Manschettenknöpfe	
	Menge	Preis (€)	Menge	Preis (€)	Menge	Preis (€)	Menge	Preis (€)
$t - 1$	10.000	35	4.000	5,00	2.000	150	8.000	50
$t - 2$	20.000	29	3.500	5,50	1.800	160	6.500	60

2. Lösung

Preisindex nach Laspayres $= 1,04$

Mengenindex nach Laspayres $= 1,23$

Preisindex nach Paasche $= 0,97$

Mengenindex nach Paasche $= 1,15$

3. Hinweise zur Lösung

Preisindex nach Laspayres:

$$P_{0,1}^{L} = \frac{\text{Preis des alten Warenkorbs mit neuen Stückpreisen}}{\text{Preis des alten Warenkorbs mit alten Stückpreisen}} = \frac{\sum_{i=1}^{4} p_i^t \cdot q_i^0}{\sum_{i=1}^{4} p_i^0 \cdot q_i^0}$$

Mengenindex nach Laspayres:

$$Q_{0,1}^{L} = \frac{\text{Menge des neuen Warenkorbs mit alten Stückpreisen}}{\text{Menge des alten Warenkorbs mit alten Stückpreisen}} = \frac{\sum_{i=1}^{4} q_i^t \cdot p_i^0}{\sum_{i=1}^{4} q_i^0 \cdot p_i^0}$$

Preisindex nach Paasche:

$$P_{0,1}^{P} = \frac{\text{Preis des neuen Warenkorbs mit neuen Stückpreisen}}{\text{Preis des neuen Warenkorbs mit alten Stückpreisen}} = \frac{\sum_{i=1}^{4} p_i^t \cdot q_i^t}{\sum_{i=1}^{4} p_i^0 \cdot q_i^t}$$

Mengenindex nach Paasche:

$$Q_{0,1}^{P} = \frac{\text{Menge des neuen Warenkorbs mit neuen Stückpreisen}}{\text{Menge des alten Warenkorbs mit neuen Stückpreisen}} = \frac{\sum_{i=1}^{4} q_i^t \cdot p_i^t}{\sum_{i=1}^{4} q_i^0 \cdot p_i^t}$$

4. Literaturempfehlung

Schulze, Peter und Daniel Porath: Statistik. Mit Datenanalyse und ökonometrischen Grundlagen, 7. Auflage, München 2012, Kapitel 6.

Aufgabe 4: Consumer-Price-Index

Anwenden
Bearbeitungszeit: 5 Minuten

1. Aufgabenstellung

Nachstehend finden Sie die Werte des CPI für Lummerland der Jahre 2008 bis 2015. Berechnen Sie den Gesamtanstieg der Verbraucherpreise seit Beginn der Datenerhebung.

Tab. 46. Übersicht der CPI Lummerland

Jahr	2008	2009	2010	2011	2012	2013	2014	2015
CPI_{08}^{i}	100,0	101	102,4	103,8	104,2	105,8		
CPI_{13}^{i}						100,0	103,1	105,2

Um wie viel Prozent sind die Preise von 2008 bis 2015 gestiegen?

2. Lösung

Die Preise sind im angegebenen Zeitraum um 11,3 % gestiegen.

3. Hinweise zur Lösung

Es geht darum, den Wert des Preisindexes aus dem Jahr 2015 zum Basisjahr 2008 in Relation zu setzten. Das Basisjahr wurde jedoch im Jahr 2013 angepasst. Der Wert 105,8 entspricht jetzt 100 %. Entsprechend muss der Wert des Jahres 2015 mit 1,058 multipliziert werden. Es ergibt sich ein Wert von 111,3. In Relation zum ursprünglichen Basisjahr 2008, sind die Preise um 11,3 % gestiegen.

4. Literaturempfehlung

Schulze, Peter und Daniel Porath: Statistik. Mit Datenanalyse und ökonometrischen Grundlagen, 7. Auflage, München 2012, Kapitel 6.

Anhang

Tab. 47. *t*-Verteilungstabelle

α / v	0.15	0.1	0.05	0.025	0.01	0.005	α / v	0.15	0.1	0.05	0.025	0.01	0.005
1	1.96	3.08	6.31	12.71	31.82	63.66	16	1.07	1.34	1.75	2.12	2.58	2.92
2	1.39	1.89	2.92	4.30	6.96	9.92	17	1.07	1.33	1.74	2.11	2.57	2.90
3	1.25	1.64	2.35	3.18	4.54	5.84	18	1.07	1.33	1.73	2.10	2.55	2.88
4	1.19	1.53	2.13	2.78	3.75	4.60	19	1.07	1.33	1.73	2.09	2.54	2.86
5	1.16	1.48	2.02	2.57	3.36	4.03	20	1.06	1.33	1.72	2.09	2.53	2.85
6	1.13	1.44	1.94	2.45	3.14	3.71	21	1.06	1.32	1.72	2.08	2.52	2.83
7	1.12	1.41	1.89	2.36	3.00	3.50	22	1.06	1.32	1.72	2.07	2.51	2.82
8	1.11	1.40	1.86	2.31	2.90	3.36	23	1.06	1.32	1.71	2.07	2.50	2.81
9	1.10	1.38	1.83	2.26	2.82	3.25	24	1.06	1.32	1.71	2.06	2.49	2.80
10	1.09	1.37	1.81	2.23	2.76	3.17	25	1.06	1.32	1.71	2.06	2.49	2.79
11	1.09	1.36	1.80	2.20	2.72	3.11	26	1.06	1.31	1.71	2.06	2.48	2.78
12	1.08	1.36	1.78	2.18	2.68	3.05	27	1.06	1.31	1.70	2.05	2.47	2.77
13	1.08	1.35	1.77	2.16	2.65	3.01	28	1.06	1.31	1.70	2.05	2.47	2.76
14	1.08	1.35	1.76	2.14	2.62	2.98	29	1.06	1.31	1.70	2.05	2.46	2.76
15	1.07	1.34	1.75	2.13	2.60	2.95	30	1.05	1.31	1.70	2.04	2.46	2.75
							40	1.05	1.30	1.68	2.02	2.42	2.70
							60	1.05	1.30	1.67	2.00	2.39	2.66
							120	1.04	1.29	1.66	1.98	2.36	2.62

Tab. 48. χ^2-Verteilungstabelle

α / ν	0.99	0.95	0.90	0.50	0.10	0.05	0.01
1	0.00	0.00	0.02	0.45	2.71	3.84	6.63
2	0.02	0.10	0.21	1.39	4.61	5.99	9.21
3	0.11	0.35	0.58	2.37	6.25	7.81	11.34
4	0.30	0.71	1.06	3.36	7.78	9.49	13.28
5	0.55	1.15	1.61	4.35	9.24	11.07	15.09
6	0.87	1.64	2.20	5.35	10.64	12.59	16.81
7	1.24	2.17	2.83	6.35	12.02	14.07	18.48
8	1.65	2.73	3.49	7.34	13.36	15.51	20.09
9	2.09	3.33	4.17	8.34	14.68	16.92	21.67
10	2.56	3.94	4.87	9.34	15.99	18.31	23.21
11	3.05	4.57	5.58	10.34	17.28	19.68	24.72
12	3.57	5.23	6.30	11.34	18.55	21.03	26.22
13	4.11	5.89	7.04	12.34	19.81	22.36	27.69
14	4.66	6.57	7.79	13.34	21.06	23.68	29.14
15	5.23	7.26	8.55	14.34	22.31	25.00	30.58
16	5.81	7.96	9.31	15.34	23.54	26.30	32.00
17	6.41	8.67	10.09	16.34	24.77	27.59	33.41
18	7.01	9.39	10.86	17.34	25.99	28.87	34.81
19	7.63	10.12	11.65	18.34	27.20	30.14	36.19
20	8.26	10.85	12.44	19.34	28.41	31.41	37.57
21	8.90	11.59	13.24	20.34	29.62	32.67	38.93
22	9.54	12.34	14.04	21.34	30.81	33.92	40.29
23	10.20	13.09	14.85	22.34	32.01	35.17	41.64
24	10.86	13.85	15.66	23.34	33.20	36.42	42.98
25	11.52	14.61	16.47	24.34	34.38	37.65	44.31
26	12.20	15.38	17.29	25.34	35.56	38.89	45.64
27	12.88	16.15	18.11	26.34	36.74	40.11	46.96
28	13.56	16.93	18.94	27.34	37.92	41.34	48.28
29	14.26	17.71	19.77	28.34	39.09	42.56	49.59
30	14.95	18.49	20.60	29.34	40.26	43.77	50.89

Tab. 49. Verteilungstabelle der Standardnormalverteilung

z	Φ(z)	z	Φ(z)	z	Φ(z)	z	Φ(z)	z	Φ(z)	z	Φ(z)	z	Φ(z)	z	Φ(z)	z	Φ(z)	z	Φ(z)
-3.00	0.001	-2.40	0.008	-1.80	0.036	-1.20	0.115	-0.60	0.274	0.00	0.500	0.60	0.726	1.20	0.885	1.80	0.964	2.40	0.992
-2.99	0.001	-2.39	0.008	-1.79	0.037	-1.19	0.117	-0.59	0.278	0.01	0.504	0.61	0.729	1.21	0.887	1.81	0.965	2.41	0.992
-2.98	0.001	-2.38	0.009	-1.78	0.038	-1.18	0.119	-0.58	0.281	0.02	0.508	0.62	0.732	1.22	0.889	1.82	0.966	2.42	0.992
-2.97	0.001	-2.37	0.009	-1.77	0.038	-1.17	0.121	-0.57	0.284	0.03	0.512	0.63	0.736	1.23	0.891	1.83	0.966	2.43	0.992
-2.96	0.002	-2.36	0.009	-1.76	0.039	-1.16	0.123	-0.56	0.288	0.04	0.516	0.64	0.739	1.24	0.893	1.84	0.967	2.44	0.993
-2.95	0.002	-2.35	0.009	-1.75	0.040	-1.15	0.125	-0.55	0.291	0.05	0.520	0.65	0.742	1.25	0.894	1.85	0.968	2.45	0.993
-2.94	0.002	-2.34	0.010	-1.74	0.041	-1.14	0.127	-0.54	0.295	0.06	0.524	0.66	0.745	1.26	0.896	1.86	0.969	2.46	0.993
-2.93	0.002	-2.33	0.010	-1.73	0.042	-1.13	0.129	-0.53	0.298	0.07	0.528	0.67	0.749	1.27	0.898	1.87	0.969	2.47	0.993
-2.92	0.002	-2.32	0.010	-1.72	0.043	-1.12	0.131	-0.52	0.302	0.08	0.532	0.68	0.752	1.28	0.900	1.88	0.970	2.48	0.993
-2.91	0.002	-2.31	0.010	-1.71	0.044	-1.11	0.133	-0.51	0.305	0.09	0.536	0.69	0.755	1.29	0.901	1.89	0.971	2.49	0.994
-2.90	0.002	-2.30	0.011	-1.70	0.045	-1.10	0.136	-0.50	0.309	0.10	0.540	0.70	0.758	1.30	0.903	1.90	0.971	2.50	0.994
-2.89	0.002	-2.29	0.011	-1.69	0.046	-1.09	0.138	-0.49	0.312	0.11	0.544	0.71	0.761	1.31	0.905	1.91	0.972	2.51	0.994
-2.88	0.002	-2.28	0.011	-1.68	0.046	-1.08	0.140	-0.48	0.316	0.12	0.548	0.72	0.764	1.32	0.907	1.92	0.973	2.52	0.994
-2.87	0.002	-2.27	0.012	-1.67	0.047	-1.07	0.142	-0.47	0.319	0.13	0.552	0.73	0.767	1.33	0.908	1.93	0.973	2.53	0.994
-2.86	0.002	-2.26	0.012	-1.66	0.048	-1.06	0.145	-0.46	0.323	0.14	0.556	0.74	0.770	1.34	0.910	1.94	0.974	2.54	0.994
-2.85	0.002	-2.25	0.012	-1.65	0.049	-1.05	0.147	-0.45	0.326	0.15	0.560	0.75	0.773	1.35	0.911	1.95	0.974	2.55	0.995
-2.84	0.002	-2.24	0.013	-1.64	0.051	-1.04	0.149	-0.44	0.330	0.16	0.564	0.76	0.776	1.36	0.913	1.96	0.975	2.56	0.995
-2.83	0.002	-2.23	0.013	-1.63	0.052	-1.03	0.152	-0.43	0.334	0.17	0.567	0.77	0.779	1.37	0.915	1.97	0.976	2.57	0.995
-2.82	0.002	-2.22	0.013	-1.62	0.053	-1.02	0.154	-0.42	0.337	0.18	0.571	0.78	0.782	1.38	0.916	1.98	0.976	2.58	0.995
-2.81	0.002	-2.21	0.014	-1.61	0.054	-1.01	0.156	-0.41	0.341	0.19	0.575	0.79	0.785	1.39	0.918	1.99	0.977	2.59	0.995
-2.80	0.003	-2.20	0.014	-1.60	0.055	-1.00	0.159	-0.40	0.345	0.20	0.579	0.80	0.788	1.40	0.919	2.00	0.977	2.60	0.995
-2.79	0.003	-2.19	0.014	-1.59	0.056	-0.99	0.161	-0.39	0.348	0.21	0.583	0.81	0.791	1.41	0.921	2.01	0.978	2.61	0.995
-2.78	0.003	-2.18	0.015	-1.58	0.057	-0.98	0.164	-0.38	0.352	0.22	0.587	0.82	0.794	1.42	0.922	2.02	0.978	2.62	0.996
-2.77	0.003	-2.17	0.015	-1.57	0.058	-0.97	0.166	-0.37	0.356	0.23	0.591	0.83	0.797	1.43	0.924	2.03	0.979	2.63	0.996
-2.76	0.003	-2.16	0.015	-1.56	0.059	-0.96	0.169	-0.36	0.359	0.24	0.595	0.84	0.800	1.44	0.925	2.04	0.979	2.64	0.996
-2.75	0.003	-2.15	0.016	-1.55	0.061	-0.95	0.171	-0.35	0.363	0.25	0.599	0.85	0.802	1.45	0.926	2.05	0.980	2.65	0.996
-2.73	0.003	-2.13	0.017	-1.53	0.063	-0.93	0.176	-0.33	0.371	0.27	0.606	0.87	0.808	1.47	0.929	2.07	0.981	2.67	0.996
-2.72	0.003	-2.12	0.017	-1.52	0.064	-0.92	0.179	-0.32	0.374	0.28	0.610	0.88	0.811	1.48	0.931	2.08	0.981	2.68	0.996
-2.71	0.003	-2.11	0.017	-1.51	0.066	-0.91	0.181	-0.31	0.378	0.29	0.614	0.89	0.813	1.49	0.932	2.09	0.982	2.69	0.996

Tab. 49. Verteilungstabelle der Standardnormalverteilung (Fortsetzung)

z	Φ(z)	z	Φ(z)	z	Φ(z)	z	Φ(z)	z	Φ(z)	z	Φ(z)	z	Φ(z)	z	Φ(z)	z	Φ(z)	z	Φ(z)
-2.70	0.003	-2.10	0.018	-1.50	0.067	-0.90	0.184	-0.30	0.382	0.30	0.618	0.90	0.816	1.50	0.933	2.10	0.982	2.70	0.997
-2.69	0.004	-2.09	0.018	-1.49	0.068	-0.89	0.187	-0.29	0.386	0.31	0.622	0.91	0.819	1.51	0.934	2.11	0.983	2.71	0.997
-2.68	0.004	-2.08	0.019	-1.48	0.069	-0.88	0.189	-0.28	0.390	0.32	0.626	0.92	0.821	1.52	0.936	2.12	0.983	2.72	0.997
-2.67	0.004	-2.07	0.019	-1.47	0.071	-0.87	0.192	-0.27	0.394	0.33	0.629	0.93	0.824	1.53	0.937	2.13	0.983	2.73	0.997
-2.66	0.004	-2.06	0.020	-1.46	0.072	-0.86	0.195	-0.26	0.397	0.34	0.633	0.94	0.826	1.54	0.938	2.14	0.984	2.74	0.997
-2.65	0.004	-2.05	0.020	-1.45	0.074	-0.85	0.198	-0.25	0.401	0.35	0.637	0.95	0.829	1.55	0.939	2.15	0.984	2.75	0.997
-2.64	0.004	-2.04	0.021	-1.44	0.075	-0.84	0.200	-0.24	0.405	0.36	0.641	0.96	0.831	1.56	0.941	2.16	0.985	2.76	0.997
-2.63	0.004	-2.03	0.021	-1.43	0.076	-0.83	0.203	-0.23	0.409	0.37	0.644	0.97	0.834	1.57	0.942	2.17	0.985	2.77	0.997
-2.62	0.004	-2.02	0.022	-1.42	0.078	-0.82	0.206	-0.22	0.413	0.38	0.648	0.98	0.836	1.58	0.943	2.18	0.985	2.78	0.997
-2.61	0.005	-2.01	0.022	-1.41	0.079	-0.81	0.209	-0.21	0.417	0.39	0.652	0.99	0.839	1.59	0.944	2.19	0.986	2.79	0.997
-2.60	0.005	-2.00	0.023	-1.40	0.081	-0.80	0.212	-0.20	0.421	0.40	0.655	1.00	0.841	1.60	0.945	2.20	0.986	2.80	0.997
-2.59	0.005	-1.99	0.023	-1.39	0.082	-0.79	0.215	-0.19	0.425	0.41	0.659	1.01	0.844	1.61	0.946	2.21	0.986	2.81	0.998
-2.58	0.005	-1.98	0.024	-1.38	0.084	-0.78	0.218	-0.18	0.429	0.42	0.663	1.02	0.846	1.62	0.947	2.22	0.987	2.82	0.998
-2.57	0.005	-1.97	0.024	-1.37	0.085	-0.77	0.221	-0.17	0.433	0.43	0.666	1.03	0.848	1.63	0.948	2.23	0.987	2.83	0.998
-2.56	0.005	-1.96	0.025	-1.36	0.087	-0.76	0.224	-0.16	0.436	0.44	0.670	1.04	0.851	1.64	0.949	2.24	0.987	2.84	0.998
-2.55	0.005	-1.95	0.026	-1.35	0.089	-0.75	0.227	-0.15	0.440	0.45	0.674	1.05	0.853	1.65	0.951	2.25	0.988	2.85	0.998
-2.54	0.006	-1.94	0.026	-1.34	0.090	-0.74	0.230	-0.14	0.444	0.46	0.677	1.06	0.855	1.66	0.952	2.26	0.988	2.86	0.998
-2.53	0.006	-1.93	0.027	-1.33	0.092	-0.73	0.233	-0.13	0.448	0.47	0.681	1.07	0.858	1.67	0.953	2.27	0.988	2.87	0.998
-2.52	0.006	-1.92	0.027	-1.32	0.093	-0.72	0.236	-0.12	0.452	0.48	0.684	1.08	0.860	1.68	0.954	2.28	0.989	2.88	0.998
-2.51	0.006	-1.91	0.028	-1.31	0.095	-0.71	0.239	-0.11	0.456	0.49	0.688	1.09	0.862	1.69	0.954	2.29	0.989	2.89	0.998
-2.50	0.006	-1.90	0.029	-1.30	0.097	-0.70	0.242	-0.10	0.460	0.50	0.691	1.10	0.864	1.70	0.955	2.30	0.989	2.90	0.998
-2.49	0.006	-1.89	0.029	-1.29	0.099	-0.69	0.245	-0.09	0.464	0.51	0.695	1.11	0.867	1.71	0.956	2.31	0.990	2.91	0.998
-2.48	0.007	-1.88	0.030	-1.28	0.100	-0.68	0.248	-0.08	0.468	0.52	0.698	1.12	0.869	1.72	0.957	2.32	0.990	2.92	0.998
-2.47	0.007	-1.87	0.031	-1.27	0.102	-0.67	0.251	-0.07	0.472	0.53	0.702	1.13	0.871	1.73	0.958	2.33	0.990	2.93	0.998
-2.46	0.007	-1.86	0.031	-1.26	0.104	-0.66	0.255	-0.06	0.476	0.54	0.705	1.14	0.873	1.74	0.959	2.34	0.990	2.94	0.998
-2.45	0.007	-1.85	0.032	-1.25	0.106	-0.65	0.258	-0.05	0.480	0.55	0.709	1.15	0.875	1.75	0.960	2.35	0.991	2.95	0.998
-2.44	0.007	-1.84	0.033	-1.24	0.107	-0.64	0.261	-0.04	0.484	0.56	0.712	1.16	0.877	1.76	0.961	2.36	0.991	2.96	0.998
-2.43	0.008	-1.83	0.034	-1.23	0.109	-0.63	0.264	-0.03	0.488	0.57	0.716	1.17	0.879	1.77	0.962	2.37	0.991	2.97	0.999
-2.42	0.008	-1.82	0.034	-1.22	0.111	-0.62	0.268	-0.02	0.492	0.58	0.719	1.18	0.881	1.78	0.962	2.38	0.991	2.98	0.999
-2.41	0.008	-1.81	0.035	-1.21	0.113	-0.61	0.271	-0.01	0.496	0.59	0.722	1.19	0.883	1.79	0.963	2.39	0.992	2.99	0.999

Tab. 50. Obere 10 % der F-Verteilung

ν_2 \ ν_1	1	2	3	4	5	6	7	8	9	10	12	15	20	24	30	40	60	120	∞
1	39.86	49.50	53.59	55.83	57.24	58.20	58.91	59.44	59.86	60.19	60.71	61.22	61.74	62.00	62.26	62.53	62.79	63.06	63.33
2	8.53	9.00	9.16	9.24	9.29	9.33	9.35	9.37	9.38	9.39	9.41	9.42	9.44	9.45	9.46	9.47	9.47	9.48	9.49
3	5.54	5.46	5.39	5.34	5.31	5.28	5.27	5.25	5.24	5.23	5.22	5.20	5.18	5.18	5.17	5.16	5.15	5.14	5.13
4	4.54	4.32	4.19	4.11	4.05	4.01	3.98	3.95	3.94	3.92	3.90	3.87	3.84	3.83	3.82	3.80	3.79	3.78	3.76
5	4.06	3.78	3.62	3.52	3.45	3.40	3.37	3.34	3.32	3.30	3.27	3.24	3.21	3.19	3.17	3.16	3.14	3.12	3.10
6	3.78	3.46	3.29	3.18	3.11	3.05	3.01	2.98	2.96	2.94	2.90	2.87	2.84	2.82	2.80	2.78	2.76	2.74	2.72
7	3.59	3.26	3.07	2.96	2.88	2.83	2.78	2.75	2.72	2.70	2.67	2.63	2.59	2.58	2.56	2.54	2.51	2.49	2.47
8	3.46	3.11	2.92	2.81	2.73	2.67	2.62	2.59	2.56	2.54	2.50	2.46	2.42	2.40	2.38	2.36	2.34	2.32	2.29
9	3.36	3.01	2.81	2.69	2.61	2.55	2.51	2.47	2.44	2.42	2.38	2.34	2.30	2.28	2.25	2.23	2.21	2.18	2.16
10	3.29	2.92	2.73	2.61	2.52	2.46	2.41	2.38	2.35	2.32	2.28	2.24	2.20	2.18	2.16	2.13	2.11	2.08	2.06
11	3.23	2.86	2.66	2.54	2.45	2.39	2.34	2.30	2.27	2.25	2.21	2.17	2.12	2.10	2.08	2.05	2.03	2.00	1.97
12	3.18	2.81	2.61	2.48	2.39	2.33	2.28	2.24	2.21	2.19	2.15	2.10	2.06	2.04	2.01	1.99	1.96	1.93	1.90
13	3.14	2.76	2.56	2.43	2.35	2.28	2.23	2.20	2.16	2.14	2.10	2.05	2.01	1.98	1.96	1.93	1.90	1.88	1.85
14	3.10	2.73	2.52	2.39	2.31	2.24	2.19	2.15	2.12	2.10	2.05	2.01	1.96	1.94	1.91	1.89	1.86	1.83	1.80
15	3.07	2.70	2.49	2.36	2.27	2.21	2.16	2.12	2.09	2.06	2.02	1.97	1.92	1.90	1.87	1.85	1.82	1.79	1.76
16	3.05	2.67	2.46	2.33	2.24	2.18	2.13	2.09	2.06	2.03	1.99	1.94	1.89	1.87	1.84	1.81	1.78	1.75	1.72
17	3.03	2.64	2.44	2.31	2.22	2.15	2.10	2.06	2.03	2.00	1.96	1.91	1.86	1.84	1.81	1.78	1.75	1.72	1.69
18	3.01	2.62	2.42	2.29	2.20	2.13	2.08	2.04	2.00	1.98	1.93	1.89	1.84	1.81	1.78	1.75	1.72	1.69	1.66
19	2.99	2.61	2.40	2.27	2.18	2.11	2.06	2.02	1.98	1.96	1.91	1.86	1.81	1.79	1.76	1.73	1.70	1.67	1.63
20	2.97	2.59	2.38	2.25	2.16	2.09	2.04	2.00	1.96	1.94	1.89	1.84	1.79	1.77	1.74	1.71	1.68	1.64	1.61
21	2.96	2.57	2.36	2.23	2.14	2.08	2.02	1.98	1.95	1.92	1.87	1.83	1.78	1.75	1.72	1.69	1.66	1.62	1.59
22	2.95	2.56	2.35	2.22	2.13	2.06	2.01	1.97	1.93	1.90	1.86	1.81	1.76	1.73	1.70	1.67	1.64	1.60	1.57
23	2.94	2.55	2.34	2.21	2.11	2.05	1.99	1.95	1.92	1.89	1.84	1.80	1.74	1.72	1.69	1.66	1.62	1.59	1.55
24	2.93	2.54	2.33	2.19	2.10	2.04	1.98	1.94	1.91	1.88	1.83	1.78	1.73	1.70	1.67	1.64	1.61	1.57	1.53
25	2.92	2.53	2.32	2.18	2.09	2.02	1.97	1.93	1.89	1.87	1.82	1.77	1.72	1.69	1.66	1.63	1.59	1.56	1.52
30	2.88	2.49	2.28	2.14	2.05	1.98	1.93	1.88	1.85	1.82	1.77	1.72	1.67	1.64	1.61	1.57	1.54	1.50	1.46
40	2.84	2.44	2.23	2.09	2.00	1.93	1.87	1.83	1.79	1.76	1.71	1.66	1.61	1.57	1.54	1.51	1.47	1.42	1.38
60	2.79	2.39	2.18	2.04	1.95	1.87	1.82	1.77	1.74	1.71	1.66	1.60	1.54	1.51	1.48	1.44	1.40	1.35	1.29
120	2.75	2.35	2.13	1.99	1.90	1.82	1.77	1.72	1.68	1.65	1.60	1.55	1.48	1.45	1.41	1.37	1.32	1.26	1.19
∞	2.71	2.30	2.08	1.94	1.85	1.77	1.72	1.67	1.63	1.60	1.55	1.49	1.42	1.38	1.34	1.30	1.24	1.17	1.00

Tab. 51. Obere 5 % der F-Verteilung

v_1 v_2	1	2	3	4	5	6	7	8	9	10	12	15	20	24	30	40	60	120	∞
1	161.45	199.50	215.71	224.58	230.16	233.99	236.77	238.88	240.54	241.88	243.91	245.95	248.01	249.05	250.10	251.14	252.20	253.25	254.31
2	18.51	19.00	19.16	19.25	19.30	19.33	19.35	19.37	19.38	19.40	19.41	19.43	19.45	19.45	19.46	19.47	19.48	19.49	19.50
3	10.13	9.55	9.28	9.12	9.01	8.94	8.89	8.85	8.81	8.79	8.74	8.70	8.66	8.64	8.62	8.59	8.57	8.55	8.53
4	7.71	6.94	6.59	6.39	6.26	6.16	6.09	6.04	6.00	5.96	5.91	5.86	5.80	5.77	5.75	5.72	5.69	5.66	5.63
5	6.61	5.79	5.41	5.19	5.05	4.95	4.88	4.82	4.77	4.74	4.68	4.62	4.56	4.53	4.50	4.46	4.43	4.40	4.36
6	5.99	5.14	4.76	4.53	4.39	4.28	4.21	4.15	4.10	4.06	4.00	3.94	3.87	3.84	3.81	3.77	3.74	3.70	3.67
7	5.59	4.74	4.35	4.12	3.97	3.87	3.79	3.73	3.68	3.64	3.57	3.51	3.44	3.41	3.38	3.34	3.30	3.27	3.23
8	5.32	4.46	4.07	3.84	3.69	3.58	3.50	3.44	3.39	3.35	3.28	3.22	3.15	3.12	3.08	3.04	3.01	2.97	2.93
9	5.12	4.26	3.86	3.63	3.48	3.37	3.29	3.23	3.18	3.14	3.07	3.01	2.94	2.90	2.86	2.83	2.79	2.75	2.71
10	4.96	4.10	3.71	3.48	3.33	3.22	3.14	3.07	3.02	2.98	2.91	2.85	2.77	2.74	2.70	2.66	2.62	2.58	2.54
11	4.84	3.98	3.59	3.36	3.20	3.09	3.01	2.95	2.90	2.85	2.79	2.72	2.65	2.61	2.57	2.53	2.49	2.45	2.40
12	4.75	3.89	3.49	3.26	3.11	3.00	2.91	2.85	2.80	2.75	2.69	2.62	2.54	2.51	2.47	2.43	2.38	2.34	2.30
13	4.67	3.81	3.41	3.18	3.03	2.92	2.83	2.77	2.71	2.67	2.60	2.53	2.46	2.42	2.38	2.34	2.30	2.25	2.21
14	4.60	3.74	3.34	3.11	2.96	2.85	2.76	2.70	2.65	2.60	2.53	2.46	2.39	2.35	2.31	2.27	2.22	2.18	2.13
15	4.54	3.68	3.29	3.06	2.90	2.79	2.71	2.64	2.59	2.54	2.48	2.40	2.33	2.29	2.25	2.20	2.16	2.11	2.07
16	4.49	3.63	3.24	3.01	2.85	2.74	2.66	2.59	2.54	2.49	2.42	2.35	2.28	2.24	2.19	2.15	2.11	2.06	2.01
17	4.45	3.59	3.20	2.96	2.81	2.70	2.61	2.55	2.49	2.45	2.38	2.31	2.23	2.19	2.15	2.10	2.06	2.01	1.96
18	4.41	3.55	3.16	2.93	2.77	2.66	2.58	2.51	2.46	2.41	2.34	2.27	2.19	2.15	2.11	2.06	2.02	1.97	1.92
19	4.38	3.52	3.13	2.90	2.74	2.63	2.54	2.48	2.42	2.38	2.31	2.23	2.16	2.11	2.07	2.03	1.98	1.93	1.88
20	4.35	3.49	3.10	2.87	2.71	2.60	2.51	2.45	2.39	2.35	2.28	2.20	2.12	2.08	2.04	1.99	1.95	1.90	1.84
21	4.32	3.47	3.07	2.84	2.68	2.57	2.49	2.42	2.37	2.32	2.25	2.18	2.10	2.05	2.01	1.96	1.92	1.87	1.81
22	4.30	3.44	3.05	2.82	2.66	2.55	2.46	2.40	2.34	2.30	2.23	2.15	2.07	2.03	1.98	1.94	1.89	1.84	1.78
23	4.28	3.42	3.03	2.80	2.64	2.53	2.44	2.37	2.32	2.27	2.20	2.13	2.05	2.01	1.96	1.91	1.86	1.81	1.76
24	4.26	3.40	3.01	2.78	2.62	2.51	2.42	2.36	2.30	2.25	2.18	2.11	2.03	1.98	1.94	1.89	1.84	1.79	1.73
25	4.24	3.39	2.99	2.76	2.60	2.49	2.40	2.34	2.28	2.24	2.16	2.09	2.01	1.96	1.92	1.87	1.82	1.77	1.71
30	4.17	3.32	2.92	2.69	2.53	2.42	2.33	2.27	2.21	2.16	2.09	2.01	1.93	1.89	1.84	1.79	1.74	1.68	1.62
40	4.08	3.23	2.84	2.61	2.45	2.34	2.25	2.18	2.12	2.08	2.00	1.92	1.84	1.79	1.74	1.69	1.64	1.58	1.51
60	4.00	3.15	2.76	2.53	2.37	2.25	2.17	2.10	2.04	1.99	1.92	1.84	1.75	1.70	1.65	1.59	1.53	1.47	1.39
120	3.92	3.07	2.68	2.45	2.29	2.18	2.09	2.02	1.96	1.91	1.83	1.75	1.66	1.61	1.55	1.50	1.43	1.35	1.25
∞	3.84	3.00	2.60	2.37	2.21	2.10	2.01	1.94	1.88	1.83	1.75	1.67	1.57	1.52	1.46	1.39	1.32	1.22	1.00

Tab. 52. Obere 1 % der F-Verteilung

v_1 / v_2	1	2	3	4	5	6	7	8	9	10
1	4052.18	4999.50	5403.35	5624.58	5763.65	5858.99	5928.36	5981.07	6022.47	6055.85
2	98.50	99.00	99.17	99.25	99.30	99.33	99.36	99.37	99.39	99.40
3	34.12	30.82	29.46	28.71	28.24	27.91	27.67	27.49	27.35	27.23
4	21.20	18.00	16.69	15.98	15.52	15.21	14.98	14.80	14.66	14.55
5	16.26	13.27	12.06	11.39	10.97	10.67	10.46	10.29	10.16	10.05
6	13.75	10.92	9.78	9.15	8.75	8.47	8.26	8.10	7.98	7.87
7	12.25	9.55	8.45	7.85	7.46	7.19	6.99	6.84	6.72	6.62
8	11.26	8.65	7.59	7.01	6.63	6.37	6.18	6.03	5.91	5.81
9	10.56	8.02	6.99	6.42	6.06	5.80	5.61	5.47	5.35	5.26
10	10.04	7.56	6.55	5.99	5.64	5.39	5.20	5.06	4.94	4.85
11	9.65	7.21	6.22	5.67	5.32	5.07	4.89	4.74	4.63	4.54
12	9.33	6.93	5.95	5.41	5.06	4.82	4.64	4.50	4.39	4.30
13	9.07	6.70	5.74	5.21	4.86	4.62	4.44	4.30	4.19	4.10
14	8.86	6.51	5.56	5.04	4.69	4.46	4.28	4.14	4.03	3.94
15	8.68	6.36	5.42	4.89	4.56	4.32	4.14	4.00	3.89	3.80
16	8.53	6.23	5.29	4.77	4.44	4.20	4.03	3.89	3.78	3.69
17	8.40	6.11	5.18	4.67	4.34	4.10	3.93	3.79	3.68	3.59
18	8.29	6.01	5.09	4.58	4.25	4.01	3.84	3.71	3.60	3.51
19	8.18	5.93	5.01	4.50	4.17	3.94	3.77	3.63	3.52	3.43
20	8.10	5.85	4.94	4.43	4.10	3.87	3.70	3.56	3.46	3.37
21	8.02	5.78	4.87	4.37	4.04	3.81	3.64	3.51	3.40	3.31
22	7.95	5.72	4.82	4.31	3.99	3.76	3.59	3.45	3.35	3.26
23	7.88	5.66	4.76	4.26	3.94	3.71	3.54	3.41	3.30	3.21
24	7.82	5.61	4.72	4.22	3.90	3.67	3.50	3.36	3.26	3.17
25	7.77	5.57	4.68	4.18	3.85	3.63	3.46	3.32	3.22	3.13
30	7.56	5.39	4.51	4.02	3.70	3.47	3.30	3.17	3.07	2.98
40	7.31	5.18	4.31	3.83	3.51	3.29	3.12	2.99	2.89	2.80
60	7.08	4.98	4.13	3.65	3.34	3.12	2.95	2.82	2.72	2.63
120	6.85	4.79	3.95	3.48	3.17	2.96	2.79	2.66	2.56	2.47
∞	6.63	4.61	3.78	3.32	3.02	2.80	2.64	2.51	2.41	2.32

v_1 / v_2	12	15	20	24	30	40	60	120	∞
1	6106.32	6157.28	6208.73	6234.63	6260.65	6286.78	6313.03	6339.39	6365.86
2	99.42	99.43	99.45	99.46	99.47	99.47	99.48	99.49	99.50
3	27.05	26.87	26.69	26.60	26.50	26.41	26.32	26.22	26.13
4	14.37	14.20	14.02	13.93	13.84	13.75	13.65	13.56	13.46
5	9.89	9.72	9.55	9.47	9.38	9.29	9.20	9.11	9.02
6	7.72	7.56	7.40	7.31	7.23	7.14	7.06	6.97	6.88
7	6.47	6.31	6.16	6.07	5.99	5.91	5.82	5.74	5.65
8	5.67	5.52	5.36	5.28	5.20	5.12	5.03	4.95	4.86
9	5.11	4.96	4.81	4.73	4.65	4.57	4.48	4.40	4.31
10	4.71	4.56	4.41	4.33	4.25	4.17	4.08	4.00	3.91
11	4.40	4.25	4.10	4.02	3.94	3.86	3.78	3.69	3.60
12	4.16	4.01	3.86	3.78	3.70	3.62	3.54	3.45	3.36
13	3.96	3.82	3.66	3.59	3.51	3.43	3.34	3.25	3.17
14	3.80	3.66	3.51	3.43	3.35	3.27	3.18	3.09	3.00
15	3.67	3.52	3.37	3.29	3.21	3.13	3.05	2.96	2.87
16	3.55	3.41	3.26	3.18	3.10	3.02	2.93	2.84	2.75
17	3.46	3.31	3.16	3.08	3.00	2.92	2.83	2.75	2.65
18	3.37	3.23	3.08	3.00	2.92	2.84	2.75	2.66	2.57
19	3.30	3.15	3.00	2.92	2.84	2.76	2.67	2.58	2.49
20	3.23	3.09	2.94	2.86	2.78	2.69	2.61	2.52	2.42
21	3.17	3.03	2.88	2.80	2.72	2.64	2.55	2.46	2.36
22	3.12	2.98	2.83	2.75	2.67	2.58	2.50	2.40	2.31
23	3.07	2.93	2.78	2.70	2.62	2.54	2.45	2.35	2.26
24	3.03	2.89	2.74	2.66	2.58	2.49	2.40	2.31	2.21
25	2.99	2.85	2.70	2.62	2.54	2.45	2.36	2.27	2.17
30	2.84	2.70	2.55	2.47	2.39	2.30	2.21	2.11	2.01
40	2.66	2.52	2.37	2.29	2.20	2.11	2.02	1.92	1.80
60	2.50	2.35	2.20	2.12	2.03	1.94	1.84	1.73	1.60
120	2.34	2.19	2.03	1.95	1.86	1.76	1.66	1.53	1.38
∞	2.18	2.04	1.88	1.79	1.70	1.59	1.47	1.32	1.00

Literatur

Berk, Jonathan und Peter DeMarzo (2011): Grundlagen der Finanzwirtschaft. Analyse, Entscheidung und Umsetzung, 2. Auflage, München.

Bösch, Martin (2014): Derivate. Verstehen, anwenden und bewerten, 3. Auflage, München.

Bloech, Jürgen et al. (2014): Einführung in die Produktion, 7. Auflage, Berlin und Heidelberg.

Bourier, Günther (2014): Beschreibende Statistik. Praxisorientierte Einführung – Mit Aufgaben und Lösungen, 12. Auflage, Wiesbaden.

Brunner, Sibylle und Karl Kehrle (2014): Volkswirtschaftslehre, 3. Auflage, München.

Eckey, Hans-Friedrich; Reinhold Kosfeld und Christian Dreger (2013): Ökonometrie. Grundlagen – Methoden – Beispiele, 5. Auflage, Wiesbaden.

Fahrmeir, Ludwig et al. (2010): Statistik. Der Weg zur Datenanalyse, 7. Auflage, Berlin und Heidelberg.

Fischer, Thomas; Klaus Möller und Wolfgang Schultze (2015): Controlling. Grundlagen, Instrumente und Entwicklungsperspektiven, 2. Auflage, Stuttgart.

Galata, Robert; Markus Wessler und Helge Röpke (2012): Wirtschaftsmathematik. Methoden – Beispiele – Anwendungen, 17. Auflage, München.

Götze, Uwe (2014): Investitionsrechnung. Modelle und Analysen zur Beurteilung von Investitionsvorhaben, 7. Auflage, Berlin.

Kusch, Lothar et al. in: Ziburske, Heinz (Hrsg.) (2013): Mathematik 1. Arithmetik und Algebra: Aufgabensammlung mit Lösungen, Berlin 2013.

Ott, Roland und Roland Deutsch (2010): Schnittstelle Mathematik. Vorbereitungskurs, Rinteln.

Perridon, Louis; Manfred Steiner und Andreas Rathgeber (2012): Finanzwirtschaft der Unternehmung, 16. Auflage, München.

Peters, Horst: Wirtschaftsmathematik, 4. Auflage, Stuttgart.

Pfeifer, Andreas (2009): Praktische Finanzmathematik. Mit Futures, Optionen, Swaps und anderen Derivaten, 5. Auflage, Frankfurt am Main.

Pinnekamp, Heinz-Jürgen und Frank Siegmann (2008): Deskriptive Statistik. Mit einer Einführung in das Programm SPSS, 5. Auflage, München.

Schulze, Peter und Daniel Porath: Statistik. Mit Datenanalyse und ökonometrischen Grundlagen, 7. Auflage, München.

Sydsaeter, Knut und Peter Hammond (2013): Mathematik für Wirtschaftswissenschaftler. Basiswissen mit Praxisbezug, 4. Auflage, München.

Tietze, Jürgen (2013): Einführung in die angewandte Wirtschaftsmathematik. Das praxisnahe Lehrbuch – inklusive Brückenkurs für Einsteiger, 17. Auflage, Wiesbaden.

Varian, Hal (2011): Grundzüge der Mikroökonomik, 8. Auflage, München.

Wewel, Max (2014): Statistik im Bachelor-Studium der BWL und VWL. Methoden, Anwendung, 3. Auflage, Hallbergmoos.

Wolke, Thomas (2008): Risikomanagement, 2. Auflage, München.

Zucchini, Walter et al. (2009): Statistik für Bachelor- und Masterstudenten. Eine Einführung für Wirtschafts- undSozialwissenschaftler, Berlin.

Tabellenverzeichnis

Abbildungsverzeichnis

Stichwortverzeichnis

Zu den Autoren

Meik Friedrich
Prof. Dr. rer. pol., Dipl.-Ök., geb. 1971, Professur für Finanzwirtschaft und Risikomanagement, Fachbereich Wirtschaft der Hochschule Weserbergland. Arbeits- und Forschungsgebiete: Finanzmärkte und Risikomanagement, Bankwirtschaft, Volkswirtschaftslehre.

Bettina-Sophie Huck
Prof. Dr. rer. nat., Dipl.-Math., geb. 1967, Professur für das Fachgebiet: Angewandte Mathematik der Hochschule Weserbergland in Hameln. Arbeits- und Forschungsgebiete: Wirtschaftsmathematik, Statistik, Ingenieurmathematik, Operations Research, Grundlagen der Numerik, Mathematikdidaktik im e-learning.

Andreas Schlegel
Dr. rer. pol., Dipl.-Kfm., geb. 1977, seit 2008 tätig als Experte für analytisches CRM, Business Analytics und Pricing bei der Yello Strom GmbH und der EnBW Energie-Baden-Württemberg AG; langjährige Erfahrung als Dozent für Wirtschaftsmathematik und Wirtschaftsstatistik, zuletzt 2013/14 als Lehrbeauftragter für Wirtschaftsstatistik an der Hochschule Ruhr West, Mülheim an der Ruhr.

Thomas Skill
Prof. Dr. rer. nat., Dipl.-Math., geb. 1967, Professor für Wirtschaftsmathematik und -statistik an der Hochschule Bochum. Arbeits- und Forschungsgebiete: Finanzmathematik, Risikomanagement.

Michael Vorfeld
Prof. Dr. rer. pol., Dipl.-Hdl., geb. 1976, Professur für das Fachgebiet: Finanzwirtschaft und Risikomanagement am Fachbereich Wirtschaft der Hochschule Ruhr West am Campus Mülheim an der Ruhr. Arbeits- und Forschungsgebiete: Grundlagen der Betriebswirtschaftslehre, Betriebliche Finanzwirtschaft und Risikomanagement.

www.ingramcontent.com/pod-product-compliance
Lightning Source LLC
Chambersburg PA
CBHW081107220326
41598CB00038B/7264